EINBLICKE

Kinderpsychoanalytische Falldarstellungen
und die dazugehörenden Elterngespräche

von

Pedro Grosz

VISSIVO

IMPRESSUM

Pedro Grosz: Einblicke. Kinderpsychoanalytische Falldarstellungen und die dazugehörenden Elterngespräche.

Kuration/Gestaltung: Dr. Marc Philip Seidel, dreamis.ch

Druckausgabe: ISBN 978-3-03846-040-4
ebook.pdf: ISBN 978-3-03846-041-1

© VISSIVO Verlag, Zürich 2018 - www.vissivo.ch

Alle Rechte vorbehalten. Nachdruck, Vervielfältigung, Übersetzung und Übernahme in andere Medien nur mit schriftlicher Genehmigung des Verlags.

„Es ist nicht bequem, Gefühle wissenschaftlich zu bearbeiten.
Man kann versuchen, ihre physiologischen Anzeichen zu beschreiben.
Wo dies nicht angeht, bleibt doch nichts übrig,
als sich an den Vorstellungsinhalt zu halten,
der sich assoziativ am ehesten zum Gefühl gesellt." [1]

Sigmund Freud

---

[1] Freud, Sigmund: Das Unbehagen in der Kultur, GW XIV, 1968, S. 198.

INHALTSVERZEICHNIS

VORWORT *von Hilde Kipp* — 9

EINLEITUNG — 17

BERICHTE — 35

   DIE PHOBIE DES KLEINEN RAFAEL — 37
   Analyse der Phobie eines 5-jährigen Knaben

   DIE ERBLINDETE MABEL. EIN FALL VON PSYCHOGENER ERBLINDUNG — 51
   Analyse eines Mädchens, das Zeugin von Folter war

   LORENZ GING NICHT IN DIE SCHULE – „ICH-IDEAL UND ÜBER-ICH" — 61

   TEDDY – EFFIZIENZ, KOSTEN, PSYCHOANALYSE — 73
   Erwägungen zur gegenwärtigen berufspolitischen Situation und zur Psychoanalyse mit Teddy

   BIS ROBERT FAST ERSTICKTE – ASTHMA, DER UNHÖRBARE SCHREI — 109

   LUIS HAT SICH VERLIEBT – ODER: ALLES IST MÖGLICH! — 123

GEDANKEN ZUR GEGENWART UND ZUKUNFT DER KINDERPSYCHOANALYSE — 141

LITERATUREMPFEHLUNGEN — 159

ÜBER DEN AUTOR — 162

VORWORT

Die Arbeiten über Kinderpsychoanalytische Behandlungen, die Pedro Grosz in diesem Band unter dem Aspekt der großen Bedeutung, die der Handhabung der begleitenden Elternarbeit dabei zukommt, neu herausgibt, hat er zuerst als Vorträge an den Kinderpsychoanalytischen Tagungen gehalten, die von 1979 bis 2010 jährlich vom Wissenschaftlichen Zentrum für Psychoanalyse (WZ II) der Gesamthochschule Kassel durchgeführt wurden. Die Kontinuität dieser Arbeitstagungen über einen Zeitraum von 30 Jahren und die damit verbundene Gründung der Zeitschrift Arbeitshefte Kinderpsychoanalyse (1982) waren ein Projekt, das der Entwicklung der Kinderpsychoanalyse dienen sollte, die – nach der Vertreibung der Psychoanalyse unter dem Nationalsozialismus – im Nachkriegsdeutschland noch bis Ende der 1970er Jahre kaum wieder Fuß gefasst hatte. Die Mitwirkung von Pedro Grosz an den Kasseler Tagungen und seine in den Arbeitsheften Kinderpsychoanalyse veröffentlichten Vorträge waren bedeutende Beiträge zu diesem Projekt und sind bis heute von großem Wert als Lehrbeispiele für Kinderpsychoanalytische Behandlungen.

Die sechs Falldarstellungen geben einen nicht alltäglichen Einblick in die Art und Weise, wie der Kinderpsychoanalytiker Pedro Grosz in seinen analytischen Behandlungen mit Kindern arbeitet. Das Studium dieser Falldarstellungen kann zusätzlich vertieft werden, wenn der Leser sich auf die Reflexionen in dem Beitrag „Gedanken zur Gegenwart und Zukunft der Kinderpsychoanalyse" einlässt. Hier nimmt Pedro Grosz eine immer noch aktuelle Standortbestimmung der Kinderpsychoanalyse vor, verbunden mit wichtigen theoretischen Grundannahmen über das sich in Entwicklung befindliche Kind und Folgerungen, die sich daraus für die abweichende Technik der Kinderpsychoanalyse ergeben. Was macht nun die Falldarstellungen in diesem Band so besonders? Sicher sind es Fälle, in denen dem jeweiligen Kind Ausserordentliches widerfahren ist und in denen die analytische Arbeit vor besondere Hausforderungen gestellt war. Aber das, was hier hervorgehoben zu werden verdient, liegt in der Handhabung der Kinderpsychoanalytischen Behandlungssituationen und darin, dass Pedro Grosz den Leser in einer so eindrucksvollen Weise daran teilnehmen lässt, wie der Psychoanalytiker den Dialog mit dem Kind führt und wie er darum ringt, dass die analytische Arbeit auf dem Wege der Bearbeitung der Widerstände weitergehen kann.

Pedro Grosz hat ein untrügliches Gespür dafür, wenn in der Begegnung der analytischen Situation etwas nicht stimmt, was darauf verweist, dass etwas von und in der Übertragung noch nicht verstanden worden ist. Bei Pedro Grosz verdichtet sich dieses Moment in dem Gedanken und dann auch ausgesprochenen Satz: „Ich verstehe (noch) nicht, was los ist!" Und er macht deutlich, dass er die Hilfe seines Gegenüber braucht, d.h., dass das Kind etwas von sich mitteilen, preisgeben muss, damit das Verstehen schrittweise erweitert werden kann. Pedro Grosz arbeitet in seinen Falldarstellungen einen sehr klaren, an Beispielen geschärften Begriff des analytischen Verstehens heraus. Es ist am Analytiker, die Widerstände und die emotionalen Konflikte aus den Mitteilungen des Kindes in Worte zu fassen, aber das können immer nur Versuche sein, die auf die Antwort des Kindes angewiesen sind. Aus diesen muss er ablesen, ob die analytische Arbeit einen Schritt vorangekommen ist oder eben nicht. Die analytische Arbeit von Pedro Grosz beinhaltet auch das Risiko, dass der Analytiker Fehler machen kann, etwa wenn er mit seiner Ungeduld und seinen Worten das Kind verletzt und dann einen Weg finden muss, wie er den Dialog wieder in Gang bringen kann. Gerade darin liegt ein besonderes Verdienst der Falldarstellungen von Pedro Grosz, dass er den Leser an solchen Passagen seiner Kinderpsychoanalytischen Behandlungen ebenso teilhaben lässt wie an den gelungenen.

Mit großer Beharrlichkeit fordert Pedro Grosz ein, dass es in der psychoanalytischen Arbeit einen Spielraum geben muss, der sich jeweils nach den Umständen des individuellen Falles bemisst, um an dem „Noch-nicht-Verstandenen" arbeiten zu können. Das Insistieren darauf ist bestimmend für die Handhabung der Elternarbeit und den großen Stellenwert, den Pedro Grosz den Gesprächen mit den Eltern gibt. Das bedeutet oft einen schwer zu akzeptierenden Aufschub für den dringend erscheinenden Behandlungsbeginn mit dem Kind. Aber die Falldarstellungen können zeigen, wie berechtigt dieser Ansatz ist. Auch darin haben die Kinderpsychoanalytischen Lehrbeispiele von Pedro Grosz ihren großen Wert. Es ist sehr zu begrüßen, dass sie mit der Herausgabe in diesem Band wieder neu zugänglich werden.

*

Ich möchte an dieser Stelle an die produktive Zeit und die Geschichte des Arbeitsbereichs Kinderpsychoanalyse an der Gesamthochschule Kassel erinnern, die durch das weitgehende Verschwinden der Psychoanalyse von der Hochschule heute fast schon vergessen ist und damit auch an das Verdienst, das der holländische Kinderanalytiker Sjef Teuns daran hatte, würdigen. Sjef Teuns ist am 11. August 2016 im Alter von 90 Jahren gestorben.

An der 1971 gegründeten Gesamthochschule Kassel herrschte in den ersten Jahren ein sehr liberales Reformklima, in dem eine weitgehende Neugestaltung der Ausbildungsgänge in den Human- und Gesellschaftswissenschaften möglich schien. Auf einen der ersten Lehrstühle für die Lehrerbildung ist ein Psychoanalytiker, Hans Kilian, berufen worden. Der geschichtsbewusste Psychoanalytiker Kilian knüpfte an die Entwicklungen der Psychoanalyse in den 1920er- und 30er-Jahren an und hat mit großem Einsatz und Überzeugungskraft dafür gesorgt, dass weitere Lehrstühle für Psychoanalytiker im Ausbildungsbereich für soziale Berufe eingerichtet wurden. Dem Lehrstuhl für Kinderpsychoanalyse hat er dabei die höchste Priorität gegeben, zum einen, weil er psychoanalytische Grundlagen für viele Bereiche der praktischen Arbeit mit Kindern und Jugendlichen für unverzichtbar hielt und zum anderen, weil er überzeugt war, dass die Kinderpsychoanalyse – wenn sie erst im Ausbildungs- und Forschungsbereich verankert wäre – wesentliche Beiträge zur Theorie der Psychoanalyse, insbesondere der psychoanalytischen Entwicklungslehre leisten würde. Da es für die Besetzung des Lehrstuhls für Kinderpsychoanalyse in Deutschland seinerzeit keinen geeigneten Bewerber gab, wurde der Holländer Sjef Teuns gewonnen. Er hat im Sommer 1975 in Kassel zunächst eine Gastprofessur übernommen. Zwar zeigten sich schnell erste Widerstände: die Gastprofessur wurde nach einem Semester (angeblich aus finanziellen Gründen) nicht verlängert. Aber Teuns hatte innerhalb des halben Jahres bereits nachhaltige Impulse freizusetzen. So ließ sich eine Gruppe von

Studierenden, die unter der Leitung von Sjef Teuns die Einzelbetreuung von entwicklungsgehemmten Kindern übernommen hatte, bei denen viel in Bewegung gekommen war, nicht davon abbringen, weiter die Supervision bei Teuns einzufordern. Ebenso wie die Studierenden wollten Kinder- und Jugendlichen-Therapeuten und Kinderärzte aus der Region, die bei Sjef Teuns' Kurse besucht und Supervision in Anspruch genommen hatten, nicht mehr auf die Orientierung und Unterstützung, die sie für ihre Praxis durch den psychoanalytischen Lehrer erfahren hatten, verzichten. Durch die großzügigen Mittel eines in Kassel angesiedelten „Modellversuchs für Soziale Studiengänge", der die Entwicklung innovativer Ausbildungsformen zur Aufgabe hatte, war es möglich, Einladungen an Sjef Teuns zu Vorträgen nach Kassel und Fahrten der Studierenden nach Amsterdam sowie auch Exkursionen mit Studenten zu Reformprojekten psychoanalytischer Sozialarbeit, die Sjef Teuns in Holland initiiert hatte, zu finanzieren. Damit konnte eine – wenn auch immer wieder unterbrochene – Zusammenarbeit aufrechterhalten werden.

Sjef Teuns' hohe Wertschätzung der persönlichen Begegnung sowie sein Anspruch einer offenen, kritisch reflektierten und gesellschaftspolitisch wachsamen Psychoanalyse hat nicht nur seine Lehrtätigkeit während der Gastprofessur geprägt, sondern ist bestimmend geworden für den Arbeitsschwerpunkt Kinderpsychoanalyse am WZ II insgesamt, den er im Weiteren mit aufgebaut hat. In den Ansprüchen und der Haltung von Sjef Teuns lag die große Anziehungskraft für Studierende, von denen einige den Weg in die Kinder-analytische Ausbildung gefunden haben und für Kollegen aus dem In- und Ausland, die die Arbeit in Kassel mitgetragen haben.

Gerade weil Sjef Teuns für die „Anwendung" der Kinderpsychoanalyse in vielen Praxisfeldern, in denen mit Kindern gearbeitet wird, in besonderer Weise offen war, hielt er eine gründliche systematische Ausbildung für Kinderpsychoanalytiker für unverzichtbar. Die Arbeit jenseits der klassischen Behandlungssituation ist dabei für ihn mit besonders hohen Anforderungen verbunden. So schreibt er in der ersten Ausgabe der Arbeitshefte Kinderpsychoanalyse:

„Zum zweiten werden unter Kinderpsychoanalyse die verschiedenen Arten von Praxis verstanden. Die Psychoanalyse mit dem einzelnen Kind oder Jugendlichen ist der Bereich, in dem die Technik der Behandlung am intensivsten erfahren wird und die theoretischen Einsichten am aktuellsten studiert werden können.

Nicht weniger wichtig und vielleicht noch schwieriger sind die Arten von Praxis, die weniger systematisch geplant werden können. Es ist deshalb sinnvoll, dass mit solcher Praxis erst dann angefangen wird, wenn man durch die intensiven Erfahrungen der Analyse mit dem einzelnen Kind oder Jugendlichen bereits hindurchgegangen ist." [2]

Nach einem zweiten, unter stärker akademische Normen gestellten, jedoch misslungenen Versuch, den Lehrstuhl für Kinderpsychoanalyse zu besetzen, ist dieser umgewidmet worden.[3] Aber der Anspruch, einen Kinderpsychoanalytischen Schwerpunkt an der Kasseler Hochschule zu bilden, konnte Ende der 1970er-Jahre nicht mehr zurückgedrängt werden, zumal die Gruppe der berufenen Psychoanalytiker zwischenzeitlich die Einrichtung des „Wissenschaftlichen Zentrums für Psychoanalyse, Psychotherapie und psychosoziale Forschung" (WZ II) erwirkt hatte, die ohne Kinderpsychoanalyse nicht denkbar war. Es ist hart darum gekämpft worden, dass ein 3-gliedriges psychoanalytisches Zentrum mit a) Forschung, b) Praxis (in einer psychoanalytischen Ambulanz) und c) psychoanalytischer Ausbildung geschaffen wird, in dem die Ambulanz Grundlage für die Arbeit an der Theorie sowie für eine systematische Ausbildung von Kinderpsychoanalytikern und Erwachsenenanalytikern sein sollte. Die Genehmigung einer eigenen Ambulanz für das WZ II konnte nicht durchgesetzt werden. Diese Beschränkung stellte insbesondere für den Arbeitsbereich der Kinderpsychoanalyse eine Herausforderung dar.

Im Sinne einer Grundlegung haben wir[4] auf Initiative und mit der nötigen Unterstützung von Sjef Teuns 1979 einen groß angelegten Kongress unter der Überschrift „Kinderpsychoanalyse und Sozialarbeit" als gemeinsame Tagung des „Modellversuchs Soziale Studiengänge" und des WZ II durchgeführt. In den Referaten und Diskussionen ist ein breites Spektrum von Themen behandelt worden, wobei neben der Frage nach dem Entwicklungsstand der Kinderpsychoanalyse im

---

[2] Teuns, Sjef (1982): Editorial der Zeitschrift Arbeitshefte Kinderpsychoanalyse, Heft 1, S. 4.

[3] Er ist schließlich in einen Lehrstuhl für „Psychoanalytische Psychologie" umgewidmet worden, auf den die Schweizer Psychoanalytikerin Marianne Leuzinger-Bohleber berufen worden ist.

[4] Ein wissenschaftlicher Mitarbeiter des Modellversuchs „Soziale Studiengänge", Andy Gärtner und wiss. Mitarbeiter des WZ II und ich [H.K.] als Gesamtverantwortliche.

deutschsprachigen Raum auch die Folgen von gesellschaftlichen und politischen Bedingungen für Kinder in der Gegenwart in den Blick genommen wurden. Themen waren „die Situation von Kindern in Institutionen (Psychiatrie, Krankenhaus, Heimen)", „Kindesmisshandlung und Verwahrlosung" und „das Leiden von Kindern in der kapitalistischen Welt (Gastarbeiterkinder, Kinder von politisch Verfolgten)". Neben den Plenarvorträgen fanden Arbeitsgruppen statt, in denen zumeist junge Kollegen und Kolleginnen Falldarstellungen aus ihrer Kinderpsychoanalytischen Praxis oder ihrer psychoanalytischen Arbeit in Institutionen vorgetragen haben. Für Sjef Teuns waren die Arbeitsgruppen das Herzstück der Tagung. Neben dem Lernen an den vorgetragenen Falldarstellungen und den Diskussionen sollte sich aus den persönlichen Begegnungen ein Netz von Beziehungen entwickeln, über das zwischen den bestehenden Kinderanalytischen Ausbildungen (Hamburg, Zürich, Salzburg) ein Austausch in Gang kommen und Anregungen aufgegriffen werden konnten, Kinderpsychoanalytische Arbeit und/oder Ausbildungsmöglichkeiten an neuen Orten aufzubauen. Vor allem sollte auch für vereinzelt arbeitende Kollegen die Möglichkeit geschaffen werden, Kontakte zu knüpfen.

Das Interesse der Tagungsteilnehmer an einer Fortsetzung bestätigte uns in dem Vorhaben, den „Workshop zum Austausch über Kinderpsychoanalytische Arbeit" jährlich zu wiederholen und die Arbeitsergebnisse in einer eigenen Zeitschrift, den Arbeitsheften Kinderpsychoanalyse[5], für die Tagungsteilnehmer festzuhalten und einem weiteren Kreis von Interessenten zugänglich zu machen.

Hilde Kipp

---

[5] Die Zeitschrift Arbeitshefte Kinderpsychoanalyse ist von 1982 bis 2004 (Heft 1–33) im Eigenverlag der Gesamthochschule/Universität Kassel erschienen, von 2005 – 2010 (Heft 34–45) im Verlag Brandes & Apsel; ständige Herausgeber waren Sjef Teuns (Amsterdam) und Hilde Kipp (Kassel), ab Heft 7/8 Achim Perner (Kassel/Berlin) und ab Heft 16 Christiane Buhmann (Berlin).

EINLEITUNG

Kinder sind faszinierend. Sie erleben die Welt, in die sie hineingeboren werden, anders als Erwachsene. Ihre Entwicklung bedingt, dass sie immer wieder von Neuem, mit unerwarteten Perspektiven, mit allen ihren Sinnen wahrnehmen und diese Wahrnehmungen auf ihre sehr individuelle Art verarbeiten. Erst 2 bis 3 Jahre nach ihrer Geburt wagen sich Kinder in die Sprache ihrer Umgebung. Schon der Weg dorthin durch die verschiedenen „Baby-Sprachen" ist individuell und hat ganz persönliche, unverwechselbare Eigenschaften.

Um sich gesund zu entwickeln, sind Kinder schon vor der Geburt darauf angewiesen, dass ihre Umgebung in der Lage ist, ihnen [sehr] vieles zu vermitteln und ihnen zu verschaffen, was sie brauchen. Dazu gehören nicht nur die Lebensnotwendigkeiten wie die Ernährung, eine geeignete Temperaturregulierung und dergleichen, sondern auch die Entwicklung einer psychischen Geborgenheit, in der sie die für sie wichtigen und notwendigen emotionalen Begegnungen erfahren. Diese Begegnungen sind am Anfang des Lebens sehr wichtig, während der langen Zeit, in der die Kinder der Sprache noch nicht mächtig sind. Sie brauchen eine Umgebung, in der sie aufgenommen und verstanden werden – auch ohne Worte. Das Emotionale, die Gestimmtheit der Gefühlsbeziehung ist dabei entscheidend.

Die Komplexität des Prozesses der Entwicklung der Menschen wird von verschiedenen Wissenschaften studiert. Der Werdegang von der Zeugung bis zur Geburt, von der Kindheit bis zum Greisenalter und Tod beschäftigt die Wissenschaft um den Menschen.

Störungen, Komplikationen, Konflikte, Erkrankungen gehören zu jedem Leben. Manchmal werden diese durch die Kräfte der Entwicklung überwunden und verschwinden als Störungen wie von selbst.

Die von Sigmund Freud begründete Psychoanalyse verfügt über eine Persönlichkeitstheorie mit Aussagen über Entwicklung, Struktur und Funktion der menschlichen Psyche in Gesundheit und Krankheit. Hinter dieser Theorie steht ein Menschenbild, das besagt, dass unbewusste Faktoren unser Denken, Handeln und Fühlen beeinflussen, und dass die Dynamik dieser unbewussten Faktoren zu inneren Konflikten führen kann.

Die Psychoanalyse formuliert eine sich ständig ergänzende Krankheitslehre, mit Aussagen über die Entstehung und Heilungsbedingungen von seelischen Krankheiten. Diese Krankheitslehre stellt verschiedene seelische Konflikte ins Zentrum ihrer Betrachtungsweise. Sie erforscht deren Auswirkungen auf die Entwicklung des Menschen, auf seinen Körper und auf seine Beziehungen zu anderen Menschen sowie auf sein eigenes Wohlbefinden. Neben Konflikten thematisiert sie auch Entwicklungsdefizite und den Einfluss von sozialen, manchmal traumatischen Erfahrungen im Sinne von seelischen Verletzungen.

Im Laufe der Zeit haben sich verschiedene Behandlungsmethoden entwickeln lassen. Sie sind, begründet durch die Krankheitslehre, von unterschiedlicher Dauer und Zielsetzung und haben verschiedene Rahmenbedingungen. In der Psychoanalyse wird heute eine große Vielfalt von theoretischen und behandlungstechnischen Ansätzen studiert.

Demgegenüber möchte ich betonen, dass manchmal eine verstehende, gutmeinende Zuwendung mit der angemessenen Einfühlung schon eine bedeutende Hilfe für die psychische Entwicklung sein kann, um Hürden zu überwinden.

An der Gesamthochschule Kassel (später: Universität Kassel) haben von 1979 bis 2010 jährlich Arbeitstagungen stattgefunden, auf denen Fragen, die sich in der Praxis der psychoanalytischen Arbeit mit Kindern und Jugendlichen stellen und eine Herausforderung für die Theorie bedeuten, diskutiert wurden. Die „Arbeitshefte Kinderpsychoanalyse" waren das schriftliche Ergebnis dieser Arbeitstagungen. Die an den Arbeitstagungen Beteiligten kamen aus verschiedenen Ländern und Institutionen. Auch ich wurde zu klinischen Beiträgen eingeladen. Ich kam als Teilnehmer des Psychoanalytischen Seminars Zürich (PSZ) und beteiligte mich sehr gern an diesen Veranstaltungen. Sie eröffneten bereichernde Denkräume. Hier konnten verschiedene Ansichten und Denk- und Arbeitsansätze ausgetauscht werden.

Die Berichte der Behandlungen mit Kindern und Jugendlichen, die ich in der Zeit von 1986 bis 2010 in den „Arbeitsheften" publizieren konnte, entstanden zu verschiedenen Zeiten meiner Arbeit als Kinderpsychoanalytiker und aus unterschiedlichen Beweggründen, die auch mit meiner Entwicklung zu tun haben.

Es war Achim Perners Vorschlag, aus den in den Arbeitsheften publizierten Beiträgen einen eigenen Sammelband zu machen. Ich bin ihm dafür sehr zu Dank verpflichtet und bedaure es ausserordentlich, dass er inzwischen viel zu früh verstorben ist.

Die Einladung, diese Idee zu verwirklichen, ist für mich ein Geschenk! Dazu kommt, dass mir Hilde Kipp sehr grosszügig Zeit gelassen hat, die einleitenden Worte zu schreiben – auf Deutsch, also einer Sprache, die geschrieben nie ganz meine eigene geworden ist. Meine Muttersprache ist das Spanische aus Argentinien.

Ich wurde während des Zweiten Weltkriegs in Buenos Aires, Argentinien geboren. Nach einer begonnenen medizinischen Ausbildung in Buenos Aires habe ich Psychologie in Zürich studiert und die psychoanalytische Ausbildung in den Sechzigerjahren des letzten Jahrhunderts am Psychoanalytischen Seminar Zürich gemacht.

Wie es damals üblich war, bemühte ich mich, die Bedingungen der „Schweizer Gesellschaft für Psychoanalyse", die ihrerseits Teilmitglied der „Internationalen Psychoanalytischen Vereinigung" ist, einzuhalten. Dazu gehörte die Supervision von zwei Analysen mit erwachsenen Patienten. Als ich mich in meiner klinischen Ausrichtung auch mit der Psychoanalyse von Kindern und Jugendlichen zu befassen begann, habe ich zusätzlich nach Supervisionsmöglichkeiten gesucht, um zu lernen, mit Kindern und Jugendlichen zu arbeiten.

In den vorliegenden Darstellungen von Behandlungen versuche ich aufzuzeigen, wie ich mit Kindern und Jugendlichen arbeite, mich bemühe, eine Beziehung aufzubauen und daraus eine Technik entwickle.

Ende der 60er-Jahre – also zur Zeit der 68er-Jahre – war eines der zentral diskutierten Themen der Umgang mit Macht und Autorität. Die Pädagogik wurde in ihrer Wirkung auf das sozialpolitische Klima erläutert und besprochen. Man begann, die verborgenen, ideologisch orientierten Absichten hinter jeder Art von Pädagogik aufzuzeigen, zu analysieren und kritisch zu hinterfragen.

Meine Ausbildungsgeneration am Psychoanalytischen Seminar Zürich war Mitbegründerin einer unter anderem auch institutskritischen Bewegung, der „Plattform" oder „Plataforma Internacional". Wie der Name sagt, setzte sie sich aus Psychoanalytikern und Psychoanalytikerinnen aus verschiedenen Ländern zusammen. Dazu gehörten Italien, Deutschland, Österreich, Frankreich, England, Griechenland, Brasilien, Mexico, Kuba und Argentinien.

In der Plattform wurden unter anderem die Ausbildungskonzepte der Psychoanalyse kritisch unter die Lupe genommen. Wir zeigten auf, wie Reglementierungen und Hierarchien in der Internationalen Vereinigung zur Erstarrung der Psychoanalyse in den einzelnen Institutionen geführt hatten und damit verhinderten, dass sich die Psychoanalyse unter veränderten Verhältnissen weiterentwickelte.

Wir setzten uns für eine lebendige, engagierte Psychoanalyse ein. Nach unserer Überzeugung gehörte die Berücksichtigung sozialer Anliegen und die Beachtung von gesellschaftlichen Prozessen unbedingt zur psychoanalytischen Denkrichtung. Diese Auseinandersetzungen haben meine Arbeit stark beeinflusst. Sie bilden den Grundstein, auf dem meine Überlegungen aufbauen, und beeinflussen meine Art zu arbeiten.

Im Psychoanalytischen Seminar Zürich wurde viel über diese Themen diskutiert und auch publiziert. Die Entdeckung, dass es keine Pädagogik ohne gesellschaftlich relevante Ausrichtung gibt, hat uns geprägt. Über Macht und Herrschaft und deren Einfluss bei jeder Art von Ausbildung (also auch der psychoanalytischen) und Behandlung nachzudenken, hatte auf vielen Forschungsgebieten eine grosse, teils umwälzende Wirkung. Beziehungen und Beziehungsformen gerieten in den Focus des Forschungsinteresses. Es wird oft vergessen, dass auch Autoren, die nicht zur 68er-Bewegung gehörten, wie z.B. Heinz Kohut, in ihrem Denken betonten, dass viele

Ausbildungsanalysen an Macht- und Ohnmachtsproblemen in den analytischen Beziehungen scheitern. Narzisstische Konflikte verhinderten die Arbeit.

Die psychoanalytische Behandlung von Kindern und Jugendlichen wurde damals durch eine rigide, orthodoxe psychoanalytische Haltung stark beeinflusst. Um die Anerkennung der Internationalen Psychoanalytischen Vereinigung zu bekommen, war es „vorgeschrieben", die Technik der Behandlung bei Kindern der klassischen Technik bei erwachsenen Patienten anzugleichen. Auf diesen Gedanken werde ich in den folgenden Seiten eingehen.

Ich beziehe mich im Folgenden auf Anna Freud, 1965: „Normality and Pathologie in Childhood".[6]

Anna Freud fasst folgende Kriterien als verpflichtende Regeln zusammen:

Der Therapeut sollte:

1. Dem Patienten gegenüber keinen Gebrauch von seiner Autorität machen und dadurch die Suggestionswirkung soweit als möglich aus der Behandlung heraushalten;

2. Dem Abreagieren von Triebregungen keine therapeutische Wirkung zusprechen (besser wäre: zuerkennen);

3. So wenig wie möglich in das äussere Leben des Patienten eingreifen, d.h., die Lebensumstände des Kindes nur dann zu verändern, wenn es darum geht, offensichtlich schädlichen oder traumatisierenden Einflüssen ein Ende zu setzen;

4. In der Deutung von Widerstand und Übertragung und im Bewusstmachen von unbewusstem Material die einzig legitimen Mittel der Analyse sehen.

---

[6] Freud, Anna: Wege und Irrwege in der Kinderentwicklung, Klett-Cotta, Stuttgart 1993, S. 33.

Der Anspruch, ein Setting zu installieren, welches von den Analysen mit Erwachsenen abgeleitet war, wurde für viele massgebend, war jedoch letztlich zum Scheitern verurteilt. Die Geheimhaltung der Interaktion zwischen Patient und Analytiker war eine so zentrale Forderung, dass die Umweltbedingungen des Kindes oder des Jugendlichen und die Situation der Eltern vollkommen ausser Acht gelassen wurden.

Das stand im Widerspruch zu den Erwartungen der Eltern, die in der Regel hochinteressiert an Vorkommnissen in der Therapie und an der Meinung des Therapeuten waren. Dieses Elterninteresse wurde in der Behandlung nur als Störung des Settings von notwendiger Zweisamkeit gesehen. Es wurden keinerlei Informationen aus der analytischen Behandlung mit den jungen Patienten gegeben, um das Arztgeheimnis zu wahren und das Vertrauen nicht zu belasten.

Was bei dieser streng analytischen Haltung nicht berücksichtigt worden ist, ist die Tatsache, dass es in der Regel die Eltern sind, die das Kind zur Behandlung anmelden (einen Behandlungswunsch für ihr Kind haben) oder dann auch die Behandlung abbrechen.

Dieses Dilemma versuchten wir damals zu lösen, indem wir zwar nicht aus den Behandlungen berichteten, aber den Eltern Ratschläge erteilten, die auf einer psychoanalytisch orientierten Pädagogik beruhten. Manchmal mit Erfolg, vor allem bei Eltern, die bereit waren, diesen Empfehlungen zu folgen. Wir versuchten hauptsächlich auch bei sehr strengen und wenig einfühlsamen Erziehern Ratschläge zu geben. Natürlich konnten wir nicht wirklich wissen, welche Wirkung unsere Ratschläge auf die Eltern hatten. Wir wurden sozusagen zu deren Erziehern!

Beinahe exzessiv geschah dies während der antiautoritären Bewegung: Den Eltern wurde geraten, von ihrer Autorität keinen Gebrauch zu machen. Ich war für einige Jahre Berater und Supervisor der antiautoritären Kindergärten in Zürich. Was mir unangenehm auffiel, war die Art, wie die Eltern von den engagierten, kritischen Kindergärtnerinnen umerzogen, ja indoktriniert wurden: „Nicht eingreifen, machen lassen, nicht erziehen" war deren Grundhaltung.

Die anthropologische Idee dahinter war bewusst oder unbewusst, dass das Kind an sich gut sei und dass es genüge, es sich frei entwickeln zu lassen. Diese Einstellung widerspricht den psychoanalytischen Erkenntnissen und widersprach auch den Erfahrungen mit den überforderten Kindern, die Ängste hatten und zu wenig Unterstützung fanden. Betreuerinnen und Eltern in dieser Art von Kindergärten waren oft in einem Dilemma und überfordert.

Das Interesse an fremden Kulturen und die „Erfindung" der Ethnopsychoanalyse war zu der Zeit sehr „en vogue" an unserem Seminar. Die Forschungen und Publikationen von Paul und Goldy Parin und Fritz Morgenthaler prägten die Sichtweise.

Während anerkannt wurde, dass man eine psychoanalytische Technik in fremden Kulturen anwendete, galt es damals noch als unanalytisch und nicht möglich, Psychoanalyse in Gruppen anzuwenden.

1971 reiste ich wieder einmal nach Argentinien und besuchte dort die Psychoanalytikerin Arminda Aberastury, die berühmt war als Pionierin der Psychoanalyse bei Kindern und Jugendlichen. Auf das Problem mit den Eltern angesprochen, empfahl sie mir, mit Kollegen zu sprechen, die Psychoanalyse mit Gruppen machten.

Marie Langer, Emilio Rodrigué, Enrique Pichón Rivière, die Gründer der Psychoanalytischen Gesellschaft in Argentinien (APA), gehörten dazu. Zusammen hatten sie den Band „Psicoanálisis de Grupos" publiziert. Im Gespräch mit ihnen entstand die Idee, dass für die Probleme der Eltern Gruppenarbeit geeigneter sei als Einzelgespräche. Mir wurde bewusst, wie sehr die Gefahr bestand, in den üblichen Elterngesprächen gerade besorgte und bemühte Eltern ungewollt zu kränken und in Frage zu stellen.

Das Teilen von Sorgen um ihre Kinder in einer Gruppe, wie es in Argentinien üblich war, machte in der dortigen Kultur Sinn. Es gab Elterngruppen, welche gemeinsam Psychoanalytiker aufsuchten und konsultierten, wenn sie fanden, dass sie den Rat von Spezialisten brauchten. Der Bezug zur Gruppe ist in meinem Herkunftsland ein vollkommen anderer als in der Schweiz. Es war und ist viel üblicher, einander zu helfen, Gedanken auszutauschen und so Gruppen zu bilden. Es gab vielerlei Gruppen, zum Beispiel auch von Immigranten, die sich zusammentaten, um ihre Probleme im noch fremden Land zu bewältigen.

Die Vorstellung, in der Schweiz mit Elterngruppen zu arbeiten, erschien mir von Anfang an sehr schwierig und erwies sich dann auch als unmöglich. Meine Anfragen in geeigneten Zentren brachten mir, ebenso wie meine Inserate in

Zeitungen, keinen Erfolg. Es gelang mir trotz meiner Bemühungen nicht, eine Elterngruppe zusammenzustellen, weder mit Eltern, deren Kinder in den antiautoritären Kindergärten waren, noch mit Eltern, deren Kinder in psychoanalytischer Therapie waren. Hemmungen, Scham und wohl auch Misstrauen gegenüber einem derart ungewohnten Vorschlag waren nicht zu überwinden. Ich musste einen anderen Weg finden.

So bemühte ich mich darum, einen anderen Denkansatz bezüglich der psychoanalytischen Gespräche mit Eltern zu finden.

Es ging ja nicht darum, „Familien-Geheimnisse" zu erfahren, sondern um den Versuch zu verstehen, welche Mechanismen das Zusammenwirken in einer Familie bestimmen, und zwar in gemeinsamer Arbeit von Eltern und Analytiker. Im psychoanalytischen Rahmen hat ein solches Setting seinen Platz nur bei Familien, die noch „funktionsfähig" sind, im Unterschied zu Familien, bei denen psychotherapeutische Interventionen oder sozialpsychiatrische Massnahmen erforderlich sind.

Elternschaft hat einen eigenen Werdegang, sie hat eine spezifische Entwicklungszeit und ist ein hochkomplexer Vorgang, der einer besonderen Aufmerksamkeit bedarf. In Bezug auf eine Therapie ihrer Kinder sind die Eltern diejenigen, die die Einleitung und das Ende der Behandlung bestimmen. Sie haben die Entscheidungsbefugnisse und tragen die entsprechende Verantwortung. Diese Sicht darf nicht darüber hinwegtäuschen, dass es oftmals die Kinder sind, welche die Erwachsenen dazu bringen, Hilfe zu holen. Das findet oft gegen den Willen der Erwachsenen statt, zum Beispiel, wenn sich ein Kind einem Lehrer anvertraut.

Die meisten Eltern möchten ihre Kinder ja selber so betreuen, dass sie keine zusätzliche Hilfe brauchen.

Jemanden Einblick ins Familienleben, in die Intimsphäre zu gewähren – gerade bei Problemen – ist für niemanden angenehm.

In jenen Fällen, in denen Lehrer, Betreuer oder die Behörden die zwingenden Schritte für eine Behandlung einleiten, ist die Situation mit den Eltern besonders heikel. Denn wie bringt man trotz der Kränkungen und des Leids eine gemeinsame therapeutische Arbeit zustande?

In meinen Beiträgen in diesem Band versuche ich, besonders schwierige Situationen darzustellen.

Noch in Argentinien habe ich durch die Vermittlung meines Freundes Armando Bauleo die Methode des „Grupo Operativo" von Enrique Pichón Rivière kennen gelernt. Dieses Gruppenkonzept geht davon aus, dass Menschen zusammen eine Gruppe bilden, um gemeinsam ein Arbeitsziel zu erreichen. Jede Gruppe hat ihre spezifischen Ziele. Im Laufe der Gruppenexistenz und Tätigkeit entwickeln sich aber Schwierigkeiten, und es stellen sich dem Gruppenziel Hindernisse in den Weg, die immer einen bewussten und einen unbewussten Anteil haben. Der Beitrag der leitenden Psychoanalytiker besteht darin, die Zusammenhänge aufzuzeigen und somit der Gruppe zu helfen, erfolgreich ihre Ziele zu erreichen.

Die Theorie der „Grupo Operativo" beruht auf der psychoanalytischen Grundannahme, dass das Geschehen in einer Gruppe von unbewussten Phantasien und Wünschen mitbestimmt ist. Dieses Unbewusste in der Gruppe wird als „Latenz" bezeichnet, es ist der Gegenbegriff zum Manifesten, dem direkt Beobachtbaren. Die Theorie des „Grupo Operativo" basiert auf der Denkweise von Melanie Klein und ihren Nachfolgern. Dazu gehört, dass diejenigen Schichten der Psyche, die im frühen Kindesalter geprägt wurden, eine zentrale Rolle spielen.

Dieser Ansatz hat sich für mich in der Arbeit mit den Eltern als anwendbar, als dynamisch und lebensnah erwiesen.

Aber für das, was mir vorschwebte, musste ich noch eine eigene Form der „Elterngespräche" entwerfen. Ausschlaggebend war, dass ich es mit einer ganz bestimmten Konstellation zu tun hatte, nämlich mit Elternpaaren, für deren Kind eine psychoanalytische Behandlung indiziert war.

Das „Operative", das heisst die Herausforderung für die Eltern besteht zunächst darin, dass das eigene Kind in psychoanalytischer Psychotherapie ist. In dieser Situation stellen sich verschiedene Fragen:

Was bedeutet dies, nicht nur für das Kind, sondern ganz speziell für die Eltern, aber auch für die ganze Familie?

Welche bewussten und unbewussten Dynamiken spielen dabei eine Rolle?

Um die Anliegen einer Familie intensiv in den Vordergrund zu stellen, bildete ich mit den betroffenen Eltern eine „Minigruppe": Mutter, Vater und Psychoanalytiker. Das Kind oder der/die Jugendliche geht gleichzeitig in die Psychotherapie im Rahmen des klassischen Setting.

Die Entwicklungspsychologie hat vor allem die Zeit der Kindheit bis zur Adoleszenz und das Erwachsenwerden studiert. Die Bedeutung „erwachsen zu sein" und die Konsequenzen der „Elternschaft" wurden nicht als relevante Konzepte aufgenommen. Dabei verändert und beeinflusst die Lebensphase der Elternschaft den Werdegang eines Individuums ganz entscheidend.

Therese Benedek hat 1960 einen häufig zitierten Aufsatz zu dieser Thematik geschrieben: „Elternschaft als Entwicklungsphase" (Jahrbuch der Psychoanalyse 1960, S. 35–61). Ihre Ansichten waren vor allem aus der Theorie der Ich-Psychologie abgeleitet.

Mein Anliegen in den Fallberichten war immer, das Geschehen in der klinischen Arbeit möglichst „nahe" darzustellen. Zusätzlich zu meiner eigenen Tätigkeit waren mir die Beschreibungen von Kollegen und Supervisanden eine Hilfe, um die Dynamiken und Konflikte zu erforschen, die sich in der psychoanalytischen Praxis mit Kindern, Jugendlichen und Eltern präsentieren. Ich orientierte mich am strukturellen Modell der Psychoanalyse. Das heisst, ich versuche, Bedürfnisse (Triebansprüche), Über-Ich-Forderungen und die Lösungsversuche des Ichs zu beschreiben.

Für meinen „Gruppen-Ansatz" habe ich „Elternschaft" hauptsächlich in ihrer Funktionsweise definiert.

1. Dabei lassen sich drei elementare soziale Funktionen hervorheben: Die „Sozialisations-Funktion" (oder erzieherische Funktion) der Eltern: Sie besteht in der Fähigkeit, die notwendige soziale Kontrolle auszuüben; aber auch die Sozialisation zu erleichtern und bei der Formierung von Motivationen und Fähigkeiten die heranwachsenden Kinder zu unterstützen. Die Eltern bilden das erste soziale Netzwerk bereits für den Säugling. Sie sind die

allerersten „Ausbildner" für ihre Kinder und Jugendlichen. Die Familie ist der soziale Raum für Geborgenheit, Wachstum, Entwicklung und als solcher mitentscheidend für die Entwicklung von Kompetenzen und Handlungspotenzial der nachfolgenden Generation.

2. Die wirtschaftliche Funktion: Für die meisten Familien bedeutet sie eine ganz zentrale Aufgabe der Eltern. Mit ihr sind Schutz und Fürsorge für Säuglinge, Kinder und Jugendliche, aber auch für kranke und alte Familienangehörige gewährleistet. Dazu gehört die Beschaffung von Ernährung, Kleidung, Behausung und soziale Teilhabe.

3. Des Weiteren erfüllt die Familie eine psychisch-emotionale Funktion, indem sie Identität stiftet, und noch im Erwachsenenalter zu sozialer Identität und Selbstbild beiträgt. Somit bildet sie eine Basis für dauerhaft angelegte soziale Beziehungen innerhalb der erweiterten Familie. Durch Verwandtschaftsbeziehungen entstehen bereits in der Kindheit persönliche Bindungen, die von hoher emotionaler Bedeutung sind. Die engen Beziehungen werden später meist auf Lebens- und Ehepartner der Verwandten erweitert und bis ins hohe Alter aufrechterhalten. Durch Familienbesuche und Familienfeste werden sie zelebriert und in der Regel gefestigt.

In modernen Gesellschaften werden politische, religiöse, wirtschaftliche und erzieherische Funktionen der Familie zum Teil auf andere gesellschaftliche Institutionen (z.B. den Staat, politische Gemeinden, Versicherungsanstalten, Schulwesen, Sport) übertragen und treten im Familienalltag zurück. Das kann sich in Notzeiten durchaus rasch ändern.

Symptome, Störungen, Krisen werden aus der Sicht der erwähnten „Minigruppe", bestehend aus Eltern und Psychoanalytiker, als Zeichen einer bewussten oder unbewussten emotionalen Reaktion auf Ereignisse, Emotionen, Stimmungen und Situationen betrachtet, die im Zusammenspiel aller Familienangehörigen eine Bedeutung haben. Der sogenannte „Symptomträger" der Familie „spricht" mit allen und gleichzeitig für alle. ER drückt etwas aus in Worten oder Handlungen, das in dieser Familie zu dem Zeitpunkt weder aufgenommen, noch beantwortet oder gar gelöst werden kann!

Wenn sich im Laufe der Zeit ein Symptom bereits etabliert hat, ist es immer die Folge einer ganzen Reihe von komplexen Gründen. Die „Patienten" können „es" nur auf diese Weise kommunizieren. Die Familie befindet sich in einer lähmenden „Patt-Situation". Dahinter steht die Angst, dass jede grosse Änderung die familiäre Koexistenz gefährden würde.

Ziel und Zweck der „Elterngespräche in der psychoanalytischen Arbeit" ist die Aufgabe, einen Veränderungsprozess in Gang zu bringen, der allen beteiligten Personen in der Familie eine Annäherung und Verständigung ermöglicht. Damit entsteht eine neue emotionale Entwicklung.

Die Behandlungen, die ich publiziert habe, sind unter anderem Beispiele für meine persönliche Technik, die ich im Laufe der Jahre und meiner Erfahrung erworben habe.

Es sind Beschreibungen von ausgewählten Behandlungen, und es sind Beiträge für den Austausch von klinischen Erfahrungen.

Sie haben selbstverständlich keinen Anspruch, als beispielhaft zu gelten. Es sind Darstellungen von psychoanalytischen „Behandlungs-Vignetten". Es sind Aufzeichnungen von Interaktionen, die sehr persönlich zwischen den Klienten und mir stattfanden.

Zusammenfassend kann ich die zentralen Punkte meines Vorgehens folgendermassen beschreiben:

Meistens meldet einer der Eltern telefonisch oder per E-Mail das Kind zur Behandlung an.

Ich pflege ganz am Anfang schon zu fragen, ob beide Eltern sich über eine psychotherapeutische Behandlung einig seien und lade dann beide Eltern zu einem Gespräch ein. Ich möchte zuerst nur die Eltern oder die erziehenden Angehörigen in einigen Gesprächen kennen lernen, ihren Werdegang und ihre Lebensgeschichte. In den Sitzungen mit den Erwachsenen lasse ich mir ihre persönliche Geschichte erzählen.

Hier folgen einige der für mich wichtigen Fragen:

- Wie haben sich die Eltern kennen gelernt?
- Wie kam es zur Schwangerschaft?
- War der Kinderwunsch bewusst und geplant?
- Wie war die Geburt?
- Wer war dabei?
- Hat das Kind Geschwister?
- Wie wurde das Kind in der Familie aufgenommen?
- Wie haben die Eltern das Kind begleitet?

Besondere Aufmerksamkeit schenke ich den persönlichen Einstellungen der Eltern zu den Schwierigkeiten, die das Kind hat. Manchmal haben Eltern bei sich selbst Erfahrungen gemacht, die eine Ähnlichkeit mit den Symptomen des Kindes aufweisen. Wichtig ist für mich zu erfahren, was sie versuchten und wie sie es anstellten, mit den Problemen ihres Kindes fertig zu werden. Ich achte auf die Rolle, welche jeder Elternteil einnimmt. Es kommt oft vor, dass sich nur einer der Eltern für zuständig erklärt. Ich achte auf Nähe und Distanz in der Familie, worin eine bestimmte Dynamik liegt.

Ich stelle mir vor, selber Kind zu sein in eben dieser Familie. In einer kurzen Erprobungsphase (Eingangsphase) versuche ich, mit den Eltern zu arbeiten und achte darauf, ob es überhaupt gelingt, eine Zusammenarbeit herzustellen.

Manchmal stellen sich Ehekonflikte dazwischen. Um die Arbeit für das Kind nicht zu verhindern, ist es gerade in solchen Fällen wichtig, einen gangbaren Weg zu finden. Ich mache dabei ausdrücklich keine Ehe- oder Paartherapie. Im Zentrum steht das Paar in seiner Elternfunktion, und es geht um ein Konzept des „Elterngesprächs".

Wenn es sich zeigt, dass eine Zusammenarbeit möglich ist, lade ich die Eltern ein, mir ihr Kind vorzustellen, das heisst, es gemeinsam zu mir zu bringen. In dem Zusammenhang frage ich sie, wie sie ihrem Kind erklären werden, dass sie mich aufgesucht haben und dass es zu mir kommen werde. Oft habe ich erlebt, dass die Eltern dem Kind nicht klar sagen konnten, warum sie zu mir gekommen waren. In einem Fall antworteten mir die Eltern, sie hätten dem Kind erklärt, sie würden alle zusammen zu einem netten Mann gehen, der „Löcklein" habe!

Als nächstes empfange ich das Kind in Begleitung beider Eltern. Nach einer kurzen Vorstellung bitte ich die Eltern ins Wartezimmer.

Und erst dann ist das Kind oder der/die Jugendliche alleine mit mir im Sprechzimmer. Ich pflege zuerst zu fragen, ob die Eltern erklärt hätten, warum wir dieses Gespräch haben. Sollte die Antwort schwierig sein, lasse ich das Kind wieder zu den Eltern gehen, damit sie die Gründe nochmals erklären können. Ich achte darauf, nicht die Autorität zu sein, welche darüber bestimmt, dass es zu einer Behandlung kommen muss. Die Entscheidung und der Auftrag sind Sache der Eltern. Die Autorität und die Erziehungsmacht bleibt Sache der Eltern. Wenn eine Behandlung zustande kommt, vereinbare ich mit der Familie eine Sitzungsfrequenz. Das Kind hat wöchentlich seine Sitzungen. Die Eltern sehe ich in regelmäßigen, vorher vereinbarten Zeitabständen.

Meine erste Darstellung einer Behandlung in den „Arbeitsheften Kinderpsychoanalyse" war der „Kleine Rafael". Beide Eltern waren in eigener Analyse. Sie haben mir bei der Entwicklung der Gesprächstechnik sehr geholfen, wofür ich heute noch dankbar bin! In ihrer Beziehung zu mir wurde bald eine Übertragungstendenz deutlich, die ich ansprechen konnte. Sie waren bereit und in der Lage, mit mir darüber zu reflektieren.

Vor allem im familiären Bezugsrahmen spielen Übertragungen und Gegenübertragungen bei der Verständigung zwischen den Beteiligten permanent eine entscheidende Rolle. In den Elterngesprächen gehört es zu den Aufgaben des Analytikers, diese Dynamik zu erkennen, zu reflektieren und mit den Eltern zu klären. Er wird auf diese Weise zum Vermittler zwischen allen Beteiligten .

Der vorliegende Sammelband enthält sieben Berichte psychoanalytischer Behandlungen von Kindern und Jugendlichen, die ich in dem oben genannten Zeitraum in der Zeitschrift „Arbeitshefte Kinderpsychoanalyse" veröffentlicht habe.

Mein herzlicher Dank gilt in erster Linie Prof. Dr. Hilde Kipp, der emeritierten Professorin an der Gesamthochschule/Universität Kassel, die auch Herausgeberin der „Arbeitshefte" war. Sie ist eine Schlüsselfigur, der es immer wieder gelang, mit viel Einsatz, verschiedene Tendenzen im wissenschaftlichen Diskurs zusammenzubringen. Sie ist eine begabte Gastgeberin. Es gelang ihr mit viel Geschick, verschiedene Sichtweisen als Ergänzungen nebeneinander stehen zu lassen.

Die von ihr organisierten Internationalen Treffen waren ein Erfolg!

Mit dem Kinderpsychiater und Psychoanalytiker aus Amsterdam, Sjef Teuns und Achim Perner, Erziehungswissenschaftler und Psychoanalytiker, Berlin, hat Hilde Kipp in jahrelanger Tätigkeit einen bedeutsamen Beitrag für die psychoanalytische Arbeit mit Kindern und Jugendlichen geleistet. Sjef Teuns und Achim Perner waren Mitherausgeber der Arbeitshefte.

BERICHTE

DIE PHOBIE DES KLEINEN RAFAEL [7]

Analyse der Phobie eines 5-jährigen Knaben

Zum ersten Mal hörte ich von der Familie Rafaels während eines psychologischen Kongresses. Jemand fragte nach Adressen von Kindergärten in Zürich. Ich vernahm, dass ein junges Ehepaar nach Zürich ziehen würde, nachdem beide ihre Analyse beendet hatten. Der Vater hätte als Techniker eine Stelle in der Schweiz bekommen. Man gab ihnen meine Anschrift für den Fall, dass sie etwas benötigten.

Ende 1972 meldeten sich die Eltern zu einem Gespräch an. Sie erzählten besorgt von Rafael. Er hätte sich bis vor kurzem ganz unauffällig entwickelt, aber seit einiger Zeit sei er besonders ängstlich geworden, gehe nicht mehr auf die Straße, sage, er fürchte sich, vor allem vor Katzen; er sei oft missgelaunt und dann plötzlich wieder fröhlich und unbekümmert. Im Kindergarten würde er mitmachen; das Problem aber sei, ihn überhaupt dorthin zu bringen.

Im Laufe der Besprechung erfuhr ich die wichtigsten Daten aus Rafaels Biographie, die eine erstaunliche Ähnlichkeit mit derjenigen des „kleinen Hans" hat.

Rafael wurde im März 1967 in Salzburg geboren. Nach einigen Wochen kehrte die Familie in ihre Wohnung nach Wien zurück.

$3\frac{1}{2}$-jährig: Geburt der Schwester Monika
4-jährig: Übersiedlung nach Zürich
$4\frac{1}{2}$-jährig: Ferien in Italien

Hier hatte Rafael ein Erlebnis, welches die Eltern als den Beginn seiner Erkrankung

---

[7] Pedro Grosz, in: Arbeitshefte Kinderpsychoanalyse 5/6, Kassel 1986, S. 11–26.

bezeichnen. Die Familie machte Ferien auf einem Bauernhof, wo eine Katze gerade Junge bekam. Rafael freute sich sehr, dass er die Geburt der Kätzchen miterleben durfte. Sein Vater war mit dabei und erklärte ihm alles, was geschah. In paar Tage später nahm Rafael ein kleines Kätzchen zu sich, entfernte sich etwas, und die Katzenmutter folgte ihm. Nach einigen Metern legte Rafael das Kätzchen auf den Boden, die Katze fasste es sofort mit dem Maul am Hals und trug es zurück zu den anderen Kleinen. Rafael weinte nun sehr und behauptete, die Katze hätte dem Kleinen den Hals abgebissen. Er war dabei fast nicht zu trösten und hörte auch auf keine Erklärungen mehr. Anlässlich einer Autofahrt, noch während derselben Ferien, sah Rafael ein totes Tier auf der Straße liegen. Von nun an wollte er getragen werden, hatte schon auf der Heimfahrt Angst, auf die Straße zu schauen. Er wagte sich nicht mehr auf die Straße, nur noch, wenn er im Auto mitfahren konnte. Auf alle Fragen, die ihm die Eltern stellten (warum er Angst hätte) gab er stereotyp zur Antwort: „Wegen der toten Katzen."

In einem zweiten Teil dieses Berichtes werde ich auf das Gespräch mit den Eltern eingehen. Ich möchte hier nur erwähnen, dass wir in zwei Sitzungen nicht nur die Anamnese Rafaels, sondern ganz besonders auch die Bedeutung einer Analyse ihres Kindes für die Eltern besprachen, vor allem die Kränkung, die es bedeutete, ihr Kind zu mir bringen zu müssen, da sie sich selber so viel Mühe mit ihm gaben, selbst Analysen bestanden haben, sich bemühten, antiautoritäre Erziehung auszuüben, Elterngruppen besuchten usw ...

1. Stunde

Die 1. Stunde mit Rafael spielte sich nun im Wartezimmer ab. Ich sah den hübschen Kleinen auf dem Schoß der Mutter, die er fest umarmt hielt. Ich sagte ihm, wer ich sei, und dass die Eltern ihm doch sicher erklärt hätten, dass er zu mir kommen sollte wegen der Angst, die ihn plage. Nach einem Weilchen sagte er ganz leise, aber mit einer heiseren Stimme, dass ich es noch hören konnte, der Mutter ins Ohr: „Er ist ein blöder ..."

Ich: „Hast du die Katze gemeint ...?" – „Ich weiß, dass, wenn man dich fragt, du immer sagst, du hättest Angst vor den Katzen. Ich möchte die richtige Angst finden mit dir, damit du sie nicht mehr haben musst."

Daraufhin schaut er mich verstohlen an und sagt zur Mutter: „Er hat nichts Weißes an."

Die Mutter: „Nein!"

Rafael: „Du bist ja gar nicht der Doktor K. Ich komme morgen wieder."

(Die Mutter erklärt, der Dr. K. sei der Zahnarzt.) Ich habe später erfahren, dass Rafael beim Heimkommen vergnügt zu der Mutter sagte: „Monika muss zum Doktor K., ich gehe zum Grosz."

2. Stunde

Rafael kommt in mein Zimmer und läuft überall umher, schaut alles an, berührt alles, scheint etwas verwirrt.

Ich: „Du möchtest vielleicht, dass ich dir sage, was zu tun ist?"

Rafael geht zu den Kissen und reißt sie ab (es handelt sich um Kissen, die mit einem Plastikverschluss an den Sesseln angeklebt sind und die sich geräuschvoll abreißen lassen).

3. Stunde

Mein Patient möchte die anderen Zimmer besichtigen. Wir wandern durch die Praxis. Zurück in meinem Zimmer spielt er laut und eifrig Motocross, setzt sich auf einen Stuhl und spielt Motorrad. Dieses Spiel wiederholt er immer wieder, auch während der drei nachfolgenden Therapiestunden, und ich bin nicht in der Lage, etwas zu deuten. Es tönt einfach ständig brrr, brrr, brrbrr.

In der 7. Stunde spielt er wieder, und plötzlich fällt mir ein, dass er nicht mehr Motocross, sondern Moto-Grosz spielt.

Ich deute: „Du hattest Angst, ich hätte einen Motor wie der Zahnarzt."

Rafael geht zum Sessel und fängt wieder an, die Kissen abzureißen.

Ich sage: „Abreißen, kaputtmachen."

Rafael schaut mich trotzig an und sagt: „Blöder."

Ich insistiere etwas: „Weil ich das vom Zahnarzt gesagt habe, hast du eine Wut bekommen."

Rafael unterbricht mich und wiederholt: „Blöder, Blöder, ..."

In der 10. Stunde habe ich ein kurzes Gespräch mit der Mutter im Wartezimmer, als sie gerade Rafael brachte. Sie bestätigt mir nur, was ich zur Genüge erlebe. Rafael ist trotzig und aggressiv geworden. Währenddem wir miteinander reden, ist er hinter uns unbemerkt verschwunden. Er kommt mit Steinen in der Hand zurück. Ich gehe mit ihm in mein Zimmer, und während ich die Türe schließe, wirft Rafael einen Stein nach mir.

Ich werde wütend und sage: „Du darfst bei mir so tun wie wenn ..., aber du darfst es nicht machen."

Rafael erschrickt einen Moment, setzt sich hin und sagt: „Ich habe an einen ganz saublöden Polizisten gedacht, der nicht will, dass man Seich macht."

Ich: „Man kann so tun als ob, damit ich weiß, was du willst."

An den beiden folgenden Terminen kommt Rafael nur unwillig in die Analyse. Ich suche nach Deutungen, die mein Eingreifen bei der Steingeschichte beinhalten.

Rafael reagiert nicht oder quittiert einfach mit „Blöder."

Mir ist klar, dass meine Deutungen nicht stimmen können. Es ist auffällig, dass der Kleine in jede Stunde kommt; etwas vor sich hin zeichnet, ohne dass meine Deutungen etwas fruchten.

Ich sage einmal: „Vielleicht hast du einen Gedanken, der mir hilft. Ich verstehe nicht, was du hast."

Darauf Rafael: „Der Polizist hat eine Pistole ..., und er singt vor sich hin: Pistole, Pistole, Pistole."

Ich: „Du meinst, es sei gut, wenn der Polizist eine Pistole hat, und es sei gut, dass ich dich nicht Steine werfen lasse."

In die nächste Stunde kommt Rafael mit Hosentaschen voller Steine. Er nimmt einen heraus und tut so, als ob er ihn werfen wollte.

Ich reagiere sofort: „N e i n !", und Rafael schaut mich stolz und etwas keck an: „Ich tu nur so als ob ..."

Ich: „Du hast verstanden, wie ich es meine. Ist die Geschichte mit dem Polizisten fertig?"

Rafael: „Polizisten haben Pistolen."

Ich: „Dein Vati-Polizist hat auch eine?"

Rafael: „Ja! Blöde ..." „ Ich: „Ist die nicht gut?"

Rafael: „Du Blöder, ist kaputt."

Ich: „Du Blöder, ist kaputt,... weil er keine gute Pistole hat."

Rafael: „Blöder! Pistole nein! Pipi!"

Ich: „Wer hat denn Pipi?" Rafael: „Rafael hat den Pipi von Blöder."

Ich: „Rafael denkt, er hat den Pipi von Blöder abgerissen wie die Kissen."

Rafael: „Jetzt will ich heim!"

Er steht in der Garderobe. Während ihm die Mutter den Mantel anzieht, schaut er mich an und sagt: „Du bist kein Blöder."

Rafael ist für die nächsten Stunden nicht mehr dazu zu bewegen, in die Analyse zu kommen. Er weint und meint, es gäbe auf den Straßen wieder tote Katzen. Ich versuche etwas unbeholfen, die Eltern dazu zu bringen, Rafael zu beruhigen, um ihn zum Analysebesuch zu bewegen. Es gelingt nicht.

Wir arrangieren ein Telefongespräch zwischen Rafael und mir. Die Familie verlässt das Zimmer, damit er mit mir allein telefonieren kann.

Ich: „Du kannst nicht zu mir kommen, weil du jetzt Angst hast. Wir haben gesprochen vom Pipi und vom Vati wegnehmen – wir haben gesprochen und gedacht als ob ... Wir haben es nicht getan. Dem Vati passiert nichts, wenn wir denken als ob ... Ich sage dem Vati und der Mutti nichts. Wir reden 'als ob' miteinander..."

Rafael ganz leise ins Telefon: „Mein Pipi gehört mir."

Ich: „Ich reiße ihn dir nicht ab, und der Vati auch nicht. Du kannst ruhig kommen."

Rafael seufzt etwas und sagt: „Ich komme morgen" und hängt sofort den Hörer auf.

Es folgt nun eine Zeit, in der sich Rafaels Zustand deutlich bessert. Wir sprechen immer wieder vom ‚Pipiabreißen', bei Tieren im Zoo, usw. Seinem Vater gegenüber benimmt er sich merkbar ambivalent – manchmal schmusen, dann wieder streiten. Einmal beim Eiertütschen zu Ostern gewinnt er, will es aber nicht.

Er sagt: „Du bist der Vati. Gewinn Du! Nachher will ich auch gewinnen. – Ja?"

So ganz langsam und allmählich entwickelt sich eine zarte Beziehung zum Vater. Rafael wird eher eifersüchtig auf seine Mutter und auf Monika.

Kurz vor den Ferien kommt Rafael einmal herein und sagt wie aus heiterem Himmel: „Mami hat einen großen Pipimacher, größer als du und Vati."

Ich: „Hast du's gesehen?"

Rafael: „Blöder! Mit den großen Ohren."

Ich: „Aha, du hast sie gehört Pipi machen."

Rafael: „Du bist nicht ein Blöder, ein Lieber. Jetzt haben wir aber Ferien."

Nach Bericht der Eltern

Während der Ferien geht es Rafael merklich besser. Wenn er Katzen sieht, möchte er sich an jemandem festhalten, jemanden bei der Hand nehmen. Einmal beim Baden geschieht die folgende Geschichte. Am Strand geht Rafael Hand in Hand mit seiner Cousine zum Wasser. Beide sind nackt. Da fragt Rafael plötzlich die Kleine und bleibt stehen, indem er ihr zwischen die Beine schaut: „Abgeschnitten?", und das Mädchen antwortet: „Nie gehabt."

Nach den Ferien

Rafael: „Bin wieder gekommen – habe keine Steine – hab dich lieb wie Pipikakaseich."

Dies ist der Beginn einer Reihe von Stunden, in denen Rafael eine Menge analer Wörter sagt, manchmal auch welche erfindet. Er scheint darüber sehr belustigt zu sein.

Eines Tages, nach mehreren ähnlich verlaufenden Therapiestunden, kommt er und sagt:

„Ich will dir etwas sagen. Ich habe ein Gedicht:

Es war einmal ein Hahn
der liebte einen Schwan
der Schwan war ihm zu brav
da nahm er sich ein Schaf
das Schaf war ihm zu kraus
da liebt er eine Maus
die Maus war ihm zu klein
da liebte er ein Schwein
das Schwein war ihm zu rund
da liebt er einen Hund
der Hund fiel von der Stiege
da liebt' er 'ne Fliege
die Fliege flog ihm weg
jetzt hat er einen Dreck".

Ich: „Suchst du auch jemanden zum Liebhaben?"
Rafael: „Vati, Mutti, Monika – nein! – mein Pipi."
Ich: „Du kannst dein Pipi lieb haben."
Rafael: „Mein Pipi."
Ich: „Ja, dein Pipi."
Rafael: „Mami hat einen großen Pipimacher."
Ich: „Hörst du sie Pipi machen?"
Rafael: „Wie weißt du das?"
Ich: „Vor den Ferien hast du's mir gesagt."
Rafael: „Blöde Kuh, Kakaseich."
Ich: „Blöde Katze?"
Rafael: „Blöder!", und nun sagt er wieder eine Reihe analer Wörter. Dann schaut er mich an und sagt: „Wir telefonieren."

Ich: „Wir denken nur als ob, auch über Mami ."

Rafael: „Eine Stunde komme ich nicht, wir telefonieren, und dann komme ich."

Ich: „Du hast schon, wie du noch kleiner warst, entdeckt, dass, wenn du nicht kommst, du keine Angst zu haben brauchst."

Rafael: „Als ich ein Kleiner war, vor den Ferien."

In den nächsten Stunden werden starke Aggressionen wach gegen die Katze und die Mutter. Rafael ist der Überzeugung, sie hätten einen Pipimacher drin. Dadurch, dass wir über die Phantasien reden, sie nicht diskutieren, bekomme ich immer mehr Material, bis zu der Phantasie, die ich dann „übersetze".

Rafael (nach einer Fernsehsendung): „Der Polizist geht in den Tunnel hinein und holt den blöden Seichpipi heraus, weil er keinen Lärm mehr machen soll."

Ich: „Kleine Kätzchen machen auch Lärm. Du hast gedacht, der Pipimacher kommt heraus aus der Mami wie die Monika."

Darauf schaut mich Rafael etwas streng und keck an und sagt mit einem kleinen Kopfnicken: „Du machst eine gute Analyse. Vati und Mutti haben auch eine gemacht."

Ich: „Du erzählst mir sehr gut deine Gedanken."

In weiteren Stunden erzählt mir Rafael seine Geburtsphantasien über Monika, die nach ihm wie Kaka geboren ist. Daheim wird er zunehmend aggressiv gegen die Mutter, plagt die kleine Schwester. Auch im Kindergarten kann er auf einmal mit kleinen Kindern nicht mehr spielen, schlägt und beschimpft sie. Eines Tages hat man Rafael sehr ausgescholten, und er kommt aufgeregt und verstimmt in die Stunde. Der Vater bringt ihn zu mir und erzählt mir im Wartezimmer, Rafael habe Monika wieder geschlagen.

Nachdem Rafael vorerst nicht erzählen kann und nur Plastilinkugeln formt, sage ich zu ihm: „Heute ist es schwer, eine gute Analyse zu machen. Ich frage mich, ob du weißt, was du denkst, so wie sonst auch."

Rafael (lachend): „Klar, Monika ist von der Mami."

Ich: „Du möchtest, Monika wäre von dir?"

Rafael: „Ich will ein Kätzchen haben."

Ich: „Aha, du willst ein Kätzchen, damit Du wie Mami ein Kind hast."

Rafael: „Ich mach' der Mami ein Schiff."

Er faltet eines aus der Zeichnung, die er angefangen hatte, und nimmt es mit. Rafaels Eltern berichten mir, dass er jetzt viel liebevoller zur Mutter geworden ist. Er wirbt richtig um sie. Monika meidet er etwas; sie scheint ihm zu klein, um mit ihr zu spielen. Mit den Kindern im Kindergarten geht es wieder besser.

Einmal hat Rafael eine Erektion während des Abtrocknens nach dem Bad. Er sagt charmant zur Mutter: „Willst du nicht schauen, wie stark – tu's streicheln." Die Mutter macht es kurz, gehemmt und unwillig. Rafael insistiert: „Mehr, mehr." Auf dieses Angebot geht sie nicht ein, ist aber selber verwirrt auch während der Erzählung.

In der Analyse sind es scheinbar andere Phantasien, die Rafael beschäftigen. Er denkt sich zuerst ein Sportauto aus, welches alles hat, was man braucht, und er geht damit auf Reisen. Alles, was er gern hat, nimmt er mit. Diejenigen, die er weniger mag, bleiben zurück und sind traurig.

Da er keine Symptome mehr zeigt, frage ich ihn, ob er daran denke, wir könnten mit der Analyse aufhören. Er antwortet nicht darauf, sondern erzählt mir folgende Gedanken: „Der Grosz und ich nehmen die Mami ins Auto, dann erwacht der Vati. Er ist traurig ..."

Hier probiere ich, ihm zu erklären, das ginge nicht, die Mami sei die Frau vom Vati. Er, Rafael, würde später schon eine Frau finden, wenn er größer sei.

Rafael ist nicht zu überzeugen. Er wird wieder provokativ, verwendet wieder anale Wörter und schimpft. Meine Erklärungen scheint er zu überhören. Bis er mir einmal mit einer Zeichnung erzählt, wie es weitergeht. Er zeichnet eine Frau, nimmt das Plastikmesser, das es zur Plastilinmasse gibt, und hackt auf die gezeichnete Frau ein.

Ich deute: „Weil die Mami nicht dir gehört, machst du sie kaputt."

Rafael: „Ich heirate später die Sabine", ein kleines Mädchen aus dem Kindergarten.

In den nun folgenden Stunden wird diese Wut besprochen. Rafael verliebt sich in die Kindergärtnerin und in ein anderes Mädchen.

Nach ein paar weiteren Stunden findet er das Mami „doch lieb, weil sie so schön lacht, wenn ich ihr von der Christa erzähle." Das ist die Kindergärtnerin.

Eines Tages kommt Rafael in die Stunde und zeichnet minutiös und langwierig sein Trambillet ab. Früher gab es ja in Zürich solche Trambillete, auf welchen das ganze Liniennetz eingezeichnet war, Haltestelle für Haltestelle. Mir ist es dabei langweilig, und ich verstehe nicht so recht, was das soll. Dann hört er plötzlich damit auf und erklärt mir: „Die Analyse ist so. Wir sind von da und da und da gegangen. Jetzt ist sie fertig. Ich gehe dann in die Schule."

Ich: „Ja, die Analyse ist so weit gefahren, wir können aufhören, jetzt kannst du selber, weiter fahren."

Rafael schaut mich wieder so charmant an und sagt; „Du bist kein Blöder."

Das Elterngespräch

Das Verhältnis zu den Eltern während der Behandlung von Rafael war sehr kooperativ. Sie berichteten immer sehr bereitwillig, was sie so mit Rafael erlebten. Ausser gelegentlichen Ratschlägen beschränkten sich unsere Besprechungen auf ein erweitertes Verständnis der Eltern für Rafaels Unarten.

Nach Beendigung der Analyse folgten immer wieder Telefonanrufe, bei denen ich einerseits darüber informiert wurde, wie es so mit dem Kleinen ging, aber auch gleichzeitig immer wieder um Rat gefragt wurde. Ich äußerte manchmal meine Meinung, merkte aber dann, dass ich mich eigentlich immer wieder rechtfertigte, etwa so formuliert: „Das ist meine Meinung, nicht die der Psychoanalyse" usw.

Als der Vater einmal anrief mit einer Frage, die mir eher banal zu sein schien, überredete ich ihn, einmal mit seiner Frau vorbeizukommen. Ich erklärte ihnen, es schiene mir, das etwas noch unklar sei zwischen ihnen und mir; irgendetwas sei unfertig seit der Beendigung der Analyse mit Rafael. Ich sagte ihnen auch, ich würde das gerne in einigen Sitzungen mit ihnen besprechen. Es schiene mir nicht möglich zu sein, dass alles in einer Sitzung besprochen werden könnte. Beide Eltern reagierten darauf voller Erstaunen, später etwas missmutig, der Vater vielleicht auch etwas gekränkt. Ich wurde dabei auch direkt befragt, was ich eigentlich sähe, was ich zu bemängeln hätte. Und ich musste ihnen sagen, es sei mir vorerst nicht ganz klar, was zwischen uns geschähe. Es sei aber doch so, dass der Kontakt zwischen uns weiter bestünde, da sie mir doch immer wieder Fragen stellten, die, wie es mir schien, Eltern sich eigentlich selber beantworten könnten. Nach einigem Hin und Her willigten sie soweit ein, dass sie sagten, sie hätten schon beim Telefonieren gemerkt, dass sie sehr oft um Ratschläge baten, und sie würden auch in der Art und Weise, wie ich reagiere, merken, sie seien mir nicht so recht. Ich musste ihnen antworten, dass ich nicht deshalb so reagiere, weil sie mich störten, sondern weil ich das Gefühl nicht loswürde, irgendetwas müssten noch zwischen uns geklärt werden. Sie wiederholten noch einige Male, sie könnten auch auf die Telefonate verzichten, sie wollten mich nicht stören usw. Ich versicherte ihnen immer wieder aufs Neue, es sei vielleicht etwas besonders kompliziert, dass ich sie zu mir einlüde, nachdem die Analyse mit Rafael beendet sei, aber es schiene mir doch wichtig, dass wir auf die Punkte zurückkommen, die wahrscheinlich zwischen uns ungeklärt geblieben seien.

Nach der zweiten Sitzung wurde es mir möglich, mit etwas Humor ihnen zu erklären, es schiene mir so, als ob ich immer der Rest eines weisen Vaters sein müssten, immer wissen, worum es eigentlich in der Familie ginge, und ich führte eine Art Supergroßvaterdasein im Hintergrund für Rafael. Da kam mir die Analyse der Eltern zugute, denn sie antworteten im gleichen Witzton: „Es handelt sich doch um die Idealisierung, nicht wahr?"

Wir scherzten dann weiter darüber, und sie erzählten, sie hätten schon untereinander sich manchmal darüber amüsiert und das Gefühl gehabt, ich wäre so etwas wie der verlängerte Arm ihrer in Wien abgeschlossenen Analysen.

Nach dieser eher heiteren Stunde folgten andere, die etwas unangenehm verliefen, weil es so schien, als ob die Eltern nicht mehr mitmachen wollten, wie wenn der ganze Versuch, etwas miteinander zu besprechen, nicht gelingen könnte. Es gelang uns dann doch letztlich gemeinsam, zu verstehen, dass sie auf diese Art und Weise nicht nur einen Großvateranalytiker wollten, sondern dass sie sich selber irgendwie als Kinder verhielten, die nicht in der Lage waren, selber und alleine ihre eigenen Kinder zu erziehen. Sie berichteten weiter, dass sie ständig auf der Suche seien nach Literatur, nach Besprechungen, in denen immer wieder dasselbe Thema behandelt wurde: Wie soll man erziehen, wie soll man sich mit den Kindern abgeben usw.. Es waren dies die Ideale, die mit der antiautoritären Bewegung in Zürich und in Mitteleuropa ihren Höhepunkt erreichten. Rafaels Eltern waren sehr aktiv in Schulen und Kindergärten, in denen sich Elterngruppen bildeten und in denen es darum ging, eine neue Erziehungsmodalität zu finden.

Wir stellten aber dann fest, dass sie im Grunde genommen von einem Ratschlag zum anderen gingen, sich von einer „Kapazität" zur anderen durchschlugen, um immer wieder zu versuchen, für jedes Problem den Rat von irgendjemandem einzuholen. In letzter Instanz kam dann der Analytiker ihres Sohnes in Frage. Wir stellten fest, dass es so schien, als ob nach Beendigung ihrer Analyse sie eine letzte „Übertragungsinstanz" im Kinder-Analytiker gefunden hätten. An diesem Ort konnten sie sich einen Rest Kindlichkeit erhalten, konnten sie doch noch hoffen, den richtigen Rat zu erhalten.

Nachdem dies alles besprochen war, versuchten die Eltern auf meinen Vorschlag hin, sich in meiner Anwesenheit über verschiedene Situationen zu zweit klar zu werden, herauszufinden, was für Maßnahmen sie ergreifen wollten, was für Erziehungsziele sie mit den Kindern erreichen wollten. Das ging etwa so, dass ein Elternteil über eine Situation berichtete, die ihn beschäftigte, und der andere Elternteil versuchte, dazu seine Meinung zu sagen. Dabei fiel mir nach kurzer Zeit auf, dass sie einander gar nicht verstanden, weil sie einander ständig und immer wieder Deutungen gaben, die zum Inhalt hatten, was sie gelegentlich gesehen haben sollten und was sie nicht gemerkt hatten und wie wahrscheinlich doch im einen oder anderen wohl sein Unterbewusstsein funktioniert hatte – so, dass sie sich in ein Gespräch verwickelten, das kein Ende nehmen wollte. Als ich sie darauf aufmerksam machte, lachten beide auf, und einer von ihnen meinte, es sei so, wie wenn sie, um ihre Analyse zu beenden, in dieser Art Gesprächen noch einmal eine Art Karikatur oder Persiflage über Analytiker machen würden. Es fiel dann den beiden auch auf, dass die Deutungen, die sie einander gaben, im Grund genommen in einem Habitus oder einem Tonfall geschahen, wie es ihre Analytiker vorher getan hatten.

Von da an wurde es meine Aufgabe, aufzupassen, dass die beiden einander nicht mehr deuteten oder sich so wenig wie möglich deuteten, sondern dass sie mehr und mehr abwarteten, schauten, überlegten und miteinander ganz für sich, natürlich mit Anwendung des Wissens, das sie hatten, eigene Wege suchten, eigene Lösungen, um der Erziehung ihrer Kinder gerecht zu werden. Zuletzt wurde es noch klar, dass, was für Schwierigkeiten beide Elternteile im Grunde genommen auch hatten, sie in einer Familie zu dritt oder zu viert miteinander kommunizieren mussten. Beide konnten dann miteinander vieles besprechen. Aber die Vorstellung, dass ihre Kinder auf irgendeine Art und Weise in diese Gespräche mit einbezogen werden mussten, bereitete ihnen etliche Mühe. Rafael wusste diese Situationen sehr gut auszunützen, indem er sich immer wieder dem einen Elternteil zuwandte und den anderen ausschloss.

Nach der Besprechung dieses Konfliktstoffes konnten wir die Behandlung beenden. Rafaels Eltern berichteten, sie würden jetzt ganz anders zueinander stehen – seien eher verliebt wie am Anfang, als sie sich kennen lernten.

Ich hörte lange nichts mehr von Rafael, bis vor kurzem, als ich diese Arbeit schrieb und mich mit der Familie in Kontakt setzte. Ich sah bald danach den zwölfjährigen Jungen, der sich gut und unauffällig entwickelt hatte und der hoffte, nächstens in eine Mittelschule zu kommen.

DIE ERBLINDETE MABEL – EIN FALL VON PSYCHOGENER ERBLINDUNG [8]

Analyse eines Mädchens, das Zeugin von Folter war

Mit dieser Fallgeschichte, die ich Ihnen erzählen will, verfolge ich gleichzeitig zwei Ziele:

1. Ein politisches – ich will, dass solches bekannt wird, um es anzuklagen;

2. Ein psychoanalytisches – wir wollen ja weiter lernen und Erfahrungen austauschen.

Zuerst wussten wir über Mabel nur das Grausame, Schreckliche von den Ereignissen.

1975 in Buenos Aires, Argentinien

Nachbarn, Zeugen haben erzählt. Sie hörten Schreie, Heulen und dann nichts mehr. Dann in den stillen Gängen des Miethauses wieder Schreien und plötzlich Schüsse. Dann hörte man sie wegrennen. Niemand getraute sich hinaus, bis plötzlich jemand im Patio (Innenhof) das Kind sah. Mabel war verstört, geschockt, verwirrt – antwortete nicht, wenn man mit ihr sprach. Einige Frauen gingen zu ihr hin. Ihre Kleider waren blutig und zerrissen, sie war im Gesicht leicht verletzt. Eine Nachbarin, die besonders befreundet war mit der Familie, wollte sich gleich um sie kümmern. Andere halfen. Die erste Frau bereitete dem Kind ein Bad. Im Wasser fing Mabel dann an zu schreien, zu toben. Sie riss sich verzweifelt an den Haaren,

---

[8] Pedro Grosz, in: Arbeitshefte Kinderpsychoanalyse 9, Kassel 1988, S. 21–27.

riss sich von allen los und rannte hinaus, die Namen der Eltern schreiend. Es muss lange gedauert haben, bis sie erschöpft und durch die Mittel, die ihr ein Krankenpfleger gab, in den Armen der Frau einschlief. In der Zwischenzeit hatte man die verunstalteten, gefolterten Leichen der Eltern gefunden.

Die Nachbarn wollten Mabel aufnehmen. Sie wollten zusammen für das Kind sorgen, doch die befreundete Frau wusste, dass sie fliehen musste. Mabel bekam Fieber, einen Ausschlag am ganzen Körper. Dann schrie sie eines Morgens verzweifelt – sie war erblindet. Man ging mit ihr zum Augenarzt.

Durch seine Empfehlung und Vermittlung brachte man Mabel zu einer Flüchtlingsorganisation, die sie in die Schweiz brachte.

Als mir von Mabel berichtet wurde, wohnte sie bereits seit einiger Zeit in einem Heim für sehbehinderte Kinder. Wegen ihrer Augen war sie mehrmals von verschiedenen Augenärzten untersucht worden. Der mit mir befreundete Arzt, der auch die Überweisung zu einer psychoanalytischen Psychotherapie machte, sprach in seinem Bericht von einer funktionellen Amaurose durch psychogene Empfindungsausschaltung. Da ich in Argentinien geboren und aufgewachsen bin, konnte die Behandlung in Mabels Muttersprache erfolgen.

Im Heim arbeitete eine chilenische Lehrerin. Sie wurde zu einer ausserordentlich wichtigen Kontakt- und Bezugsperson für das Kind. Für die Psychotherapie war sie eine unentbehrliche Mitarbeiterin. Eva übernahm auch das Bringen und Abholen zu den Sitzungen, dreimal pro Woche. Nur zu ihr war Mabel ganz wenig offener als zu der übrigen Umwelt.

Das $8\frac{1}{2}$-jährige Mädchen wirkte stark regrediert, apathisch, kontaktlos. Mitarbeiter im Heim sprachen von Autismus, um Mabels Zustand zu beschreiben. Beeindruckend war nicht nur die Erblindung, sondern auch ein partieller Verlust der Sprache. Sie konnte sich auch nicht mehr alleine anziehen.

Zu einem späteren Zeitpunkt haben wir von der argentinischen Schulbehörde erfahren, dass Mabel in ihrer 3. Klasse in Buenos Aires die beste Schülerin war und gleichzeitig bei ihren Schulkameraden sehr beliebt war. Man schätzte vor allem ihre Kameradschaftlichkeit.

Nachfolgend möchte ich Ihnen aus einigen Stellen der Behandlung berichten. Achten Sie bitte auf die drei Quellen der Ängste, die wie ineinander verwoben sind:

a. Die traumatischen Ängste. Jene Ereignisse, die durch ihre Grausamkeit und Intensität es unmöglich machen (für jeden, aber vor allem für ein Kind), irgendwie adäquat darauf zu antworten. – Demzufolge ergibt sich eine Erschütterung in der psychischen Organisation mit einer krank machenden Wirkung. Um es noch „fachlicher" auszudrücken:

Ökonomisch gesehen ist das Trauma gekennzeichnet durch ein Anfluten von Reizen, die im Vergleich mit der Belastbarkeit des Kindes und seiner Fähigkeit, diese Reize psychisch zu bewältigen, überfordernd sind.

b. Diejenigen Ängste, die wir einer pathologischen Lösung des ödipalen Konfliktes zuschreiben.

c. Eine Signalangst, die sich meldet bei komplexen Situationen in der psychischen – oder in der äusseren Welt.

Mabel kam in Begleitung von Eva. Als erstes war die Kontaktaufnahme sehr schwierig. Ich konnte sie sehen, mit ihrer dunklen Mestizohaut (Mischung Indio und Europäer) und ihren schwarzen Haaren.

Das waren auch meine ersten Worte: „Ich kann dich sehen und habe schon von dir gehört, vor allem, was dir und deiner Familie passiert ist. Ich möchte mit den anderen schauen, ob man dir helfen kann. Das Problem ist ja überall. Du siehst mich nicht, wie sollst du wissen, mit wem du sprichst."

Keine Antwort.
Ich fahre fort: „Eva hat mit dir über die Therapie und mich gesprochen."

Mabel: „Ja …"

Ich: „Komm, gehen wir mit Eva in mein Zimmer. Dort darfst du alles anfassen, spüren, was es alles hat."

Wir machten mit ihr eine Runde durch das Zimmer. Nach einer Weile sprach ich weiter.

Ich: „Ich frage mich, wie das ist und stelle es mir auch vor. Sieht man etwas nicht, dann ist es irgendwie unbekannt, unheimlich. Es bleibt fremd und macht Angst. Die Therapie ist neu und die Angst ist auch schwierig. Auf der anderen Seite finde ich es phantastisch, welche Kräfte in dir sind. Du hast nichts mehr gesehen, wo du nicht mehr schauen konntest. Alle, die davon hören, finden das, was du erlebt hast, entsetzlich und nicht zum Anschauen. Damals, dort, war es besser so. Und jetzt, da …"

Mabel: „Gorila" (Bezeichnung in Argentinien für Todes- und Folterschwadrone).

Ich: „No! Nein, du hast Angst, ich könnte einer sein. Du musst sehr aufpassen, ohne zu sehen …"

Mabel: „Ihr seid alle Gorilas."

Ich: „Nein"

Mabel: „Wieso bist Du nicht tot?!"

Ich: „Es leben nicht nur die Gorilas."

Eva, die im Zimmer war, sagte: „Ich lebe ja auch noch."

Mabel: „Hure!"

Ich: „Nein! Wir sind es nicht, aber du denkst uns so. Über das will ich mit dir weiterreden, das nächste Mal!"

Mabel wurde zunehmend aggressiv im Heim. Sie schimpfte vor allem mit ihrer Betreuerin. Dann, in einer Stunde, zu der Mabel nicht kommen wollte …

Mabel: „Du kannst versuchen, mich auszuquetschen, ich erzähle nichts!"

Ich: „Ich foltere nicht und will auch nichts wissen, was du nicht erzählen willst."

Aber wenn du da bist, dann sage ich dir, was ich denke – du denkst nur Feinde …"

Mabel: „Ich will, dass du tot bist!!"

Ich: „Ja! Aber man kann nicht tauschen – deine Eltern gegen mich."

Mabel: „Ich will tot sein!"

Ich: „Der Schmerz in dir ist nicht zu ertragen. Tod ist wie zu Mutter und Vater gehen ..."

Mabel: „Gorila! Scheiss-Gorila!"

Ich: „Nein! Du willst, dass ich dir was mache, wie den Eltern. So was Scheußliches. So willst du damit fertig werden!"

Mabel: „Ja ..."

Nach dieser Sitzung und ähnlichen war ich selber erschöpft, müde, kaputt. Langsam wurden die Sitzungen weniger laut. Oft habe ich geweint, als Mabel schon weg war. In dieser Zeit beschlossen Eva und andere Mitarbeiter vom Heim, eine Supervision aufzusuchen. Die Betreuung Mabels wurde noch komplizierter, vor allem, als es klar wurde, dass sie zeitweise suizidgefährdet war. Dann kam die Sitzung, in der Mabel vom Heim erzählte.

Mabel: „Da gibt es Kinder, die blind sind ... die haben Eltern und Geschwister."

Ich: „Ja, das ist schwierig für dich."

Mabel: „Die sollten alle tot sein, dann wüssten sie, warum sie nicht schauen sollen."

Ich: „Alle Blinde müssen einen Schmerz haben wie du?"

Mabel: „Nein! Du weißt dann, warum sie blind sind."

Ich: „Oh nein! Es gibt viele Gründe, warum Kinder blind sein können."

Mabel: „Dann hätten wir alle einen Grund ..."

Ich: „Du könntest Freunde finden ... Du sprichst etwas deutsch, sagte mir Eva... Mit den Kindern reden ist vielleicht einfacher als mit Erwachsenen ... Es könnte dir helfen."

Mabel: „Wenn alle tot wären, könnte ich es ihnen erklären." (den anderen Kinder)

Ich: „Was du Schreckliches erlebt hast, und was du gesehen hast ... als deine Eltern gefoltert und getötet wurden!"

Mabel: „Ich habe nichts gesehen, nichts gesehen! N i c h t s gesehen!"

Ich: „Am Anfang, stelle ich mir vor, wahrscheinlich schon. Dann hast du nichts mehr sehen wollen."

Mabel: „Mutter hat gesagt: 'No mires Mabel!' Schau nicht Mabel!"
Ich: „Sie hat das gesagt, um dich zu schonen."
Mabel: „Der Vater hat das auch gesagt."
Ich: „Auch, um dich..."
Mabel: „Nein! S i e haben mir das gesagt."

Es folgten Sitzungen, in denen wir einerseits besprachen, wie Mabel Angst hatte, sich im Heim Freunde zu suchen. Sie konnte ihre Umgebung nur schwer einschätzen. – Wer war nett? Woran konnte sie ablesen, wem zu trauen war oder nicht?

Der Klang der Stimme der Leute, ihr Auftreten, jeder Laut musste überdacht werden. Lisa zum Beispiel, ein Mädchen, sprach leise und lieb, aber benutzte Seife, die Mabel roch und nicht gern hatte. Konnten sie trotzdem Freundinnen werden? Mabel beschloss, mit Lisa über die Seife zu sprechen. Mabel und ich besprachen, wie sie das sagen konnte, ohne zu beleidigen. So, ganz langsam, entspannte sich die Situation.

Einmal kam sie und wusste nichts zu erzählen, am Anfang der Stunde. Ich nahm die Gelegenheit wahr:
Ich: „Es ist dir so vieles gelungen. Du hast jetzt Freunde, lernst Lesen und Schreiben, Deutsch (in Blindenschrift). Es geht auch hier viel besser. Deine Angst, ich könnte ein Gorila sein, ist kleiner geworden oder weg …."
Mabel: „Ja! Ich habe nicht wirklich geglaubt, dass du ein Folterer bist. Du hast eine liebe Stimme …"
Ich: „Aber du siehst mich nicht. Jemand hat dir zugerufen, nicht hinzusehen …"
Mabel: „Ja! Nicht nur dort …"
Ich: „Nicht nur dort … als die Mörder kamen. Also schon früher."
Ich war sehr beglückt und beeindruckt nach dieser Sitzung. Doch in nächster Zeit stellten sich in der Therapie Hindernisse ein, die zeitweise unüberwindbar schienen. Mabel wurde depressiv. Sie wollte auch nicht mehr zu den Sitzungen kommen, bis es gelang zu erfahren, was los war. Dann brach es aus ihr heraus:
Mabel: „Du willst von Ofelia (Name der Mutter, der zum ersten Mal benutzt wird) reden, und ich weiß nicht mehr, wie sie aussieht."

Ich: „Das hast du gebraucht, weil es so entsetzlich weh tat. Damit die Wunde besser heilen konnte, hast du etwas zugedeckt. Das war lieb und nötig."

Mabel: „Wenn ich kein Bild habe, muss ich sterben!"

Ich: „Es ist nicht böse von dir, es war lieb und nötig!"

Jetzt weinte Mabel zum ersten Mal.

Ich: „Vielleicht ist es so: Sie hat dir gesagt, du sollst nicht hinschauen, und du wurdest blind, so auch mit den Augen, die nach innen schauen – wie mit den Augen, die nach außen schauen. Wir haben nie gesprochen von den Bildern, von den Erinnerungen an Argentinien. Wo hast du gewohnt?"

Mabel konnte sich zuerst an ihre Adresse und Telefonnummer erinnern. Dann kam der Name der Katze – später Nachbarn – Freunde.

Nach und nach erzählte sie mir von der Schule, auch von ihren kleinen Streichen, von der Lehrerin. Dann kam wieder Angst auf, die sich milderte, nachdem ich sie gefragt hatte, ob denn die Lehrerin wusste, wo sie jetzt war und weshalb nicht in die Schule gehen konnte. Mabel fragte sich, ob jene Leute sich noch an sie erinnern. Sie erhielt auch einmal einen Brief von ihrer Schulklasse, der sie sehr beglückte. In dieser entspannten Stimmung wagte ich wieder einen Schritt.

Ich: "Die Bilder von Ofelia siehst du nicht. Ich könnte mir denken, dass die vom Vater vielleicht noch da sind."

Mabel: „Gorila! Scheiss Gorila!"

Ich: „Du meinst mich oder den Vater?! Was ist los?!"

Mabel: "Ihn! José, der Sauhund!"

Ich: „Wieso, wer hat das gesagt?"

Mabel: „Ofelia!"

Ich: „Ich dachte, er sei ein Genosse ..."

Mabel: „Der Sauhund hat ihr immer wehgetan! Immer!"

Es folgte eine Zeit in der Therapie, wo Vorstellungen und/oder Erinnerungen über Männer besprochen wurden. Sie plagten, verletzten, folterten Frauen ... und vor allem, sie machten immer schreckliche Angst.

Ich: „Du erzählst mir so viel von diesen Männergeschichten – solltest Du diese nicht sehen? Ich glaube, Ofelia wollte nicht, dass Du solches siehst."
Mabel: „Vielleicht – ich kann sie mir gar nicht denken!"
Ich: „Doch – aber immer als Opfer, und als Opfer solltest Du sie nicht sehen."
Mabel: „Scheisse! Du sagst das, weil Du nicht weißt, was mit meinen Augen ist. Du kannst gar nichts! Der Doktor hat gesagt, sie bewegen sich etwas, sie sind besser – und hat mir Tropfen gegeben. Du, du willst immer nur wissen, Sachen wissen, alles musst du wissen!! Und helfen oder etwas machen kannst du nicht! He!"
Ich: „Ich konnte dir helfen, immer weniger Angst zu haben, damit du schauen kannst!"
Mabel: „Scheisse! Nichts!" Äfft mich nach: „Hat Ofelia dir ... bla, bla, bla ..."

Nachdem kam Mabel wieder eine Zeit lang ungern in die Therapie. Eva erzählte mir, dass sie viel über mich schimpfte bei ihr und bei den anderen Kindern.

Ich selber fand in der Stunde schwer etwas zu sagen. Ich hatte den Eindruck, dass alle Interpretationen auf taube Ohren stießen. Dann habe ich Mabel am Anfang einer Stunde darauf angesprochen, bevor sie anfing.

Ich: „In den letzten Sitzungen wurde ich immer ohnmächtiger. Nichts, was ich sage, hat einen Sinn. Alles ist bla, bla, bla. Etwas in dir will, dass ich mich schwach, dumm, unfähig fühle. So fühle ich mich wie eine Frau oder ein Kind, ein Mädchen, das nichts machen kann gegen einen Gorila."
Mabel: „Stimmt nur ein wenig ..."
Ich: „Ja! So geplagt, wie du das erlebt hast, war es ja nicht ..."

An dieser Stelle musste Mabel auf die Toilette. Als sie zurückkam, fuhr ich fort:

Ich: „Ich habe dir etwas Angst gemacht, weil ich das gesagt habe."
Mabel: „Ein Elefant bist du nicht, aber schon sehr kräftig!"
Dann kam ein Telefon – gerade in eine andere Analysestunde hinein. Es waren Eva und Mabel und andere Stimmen im Hintergrund. Mabel sah! Sie hatte in einer

Unterrichtsstunde Eva gefragt, ob sie ein rotes Halsband trug ... und dann haben sie geweint, gelacht, sich umarmt und dann angerufen.

Mabel sah an jenem Nachmittag ihre Sachen. Ihr Gepäck, das sie mitgebracht hatte. Darunter war auch ein Fotoalbum, das ihr jemand eingepackt hatte. Sie sah die Bilder. Und mit den Bildern kamen die Erinnerungen. Nicht nur die mörderischen Ereignisse, sondern auch wie es früher war. So verstanden wir immer besser das „schau nicht hin, Mabel".

Mabel war ein neugieriges Kind. Wenn sie in der Nacht einmal aufwachte, hörte sie ihre Eltern im Nebenzimmer. Sie ging schauen und wurde weggeschickt mit Befehlen wie: sie solle nicht immer schauen kommen. Manchmal müssen auch Leute in der Wohnung gewesen sein, die sie auch nicht sehen sollte. Dann wurde sie hinausgeschickt, damit sie nicht Zeugin wird.

Gekoppelt mit den traumatischen Ereignissen hat sich das „nicht sehen" als Schutz, aber gleichzeitig als strengstes Über-Ich-Gebot in ihr festgemacht.
Grausamkeit, Aggression und Unerbittlichkeit der Folterer haben sich addiert mit entwicklungsbedingten Straf-Ängsten in Mabel. Unter diesem inneren Druck musste das Ich kapitulieren und gab seine Funktionen partiell auf.

Sie erinnern sich; Motorik, Sprache, Sehen usw. Das Kind wurde ganz ohnmächtig.

Mabel lebt jetzt wieder in Argentinien. Sie konnte zu Verwandten zurückkehren.

Ob und was sie alles jetzt sieht?

LORENZ GING NICHT IN DIE SCHULE – „ICH-IDEAL UND ÜBER-ICH"[9]

Als Hilde Kipp mir den Titel der Tagung „Ich-Ideal und Über-Ich" nannte, dachte ich gleich an Lorenz. Sie sagte auch, dass sie lieber keinen theoretischen Diskurs möchte, sondern etwas aus einer Behandlung. Das sagte sie, kurz nachdem sie mich theoretisch diskutieren gehört hatte. Nun, ich werde im Folgenden ihrem Wunsch nachkommen, aber so ganz folgsam werde ich doch nicht sein. Ich möchte als Einführung zuerst einige Gedanken zu diesem Thema äußern.

Ich denke, dass das Thema dieser Tagung von großer Bedeutung ist, nicht nur seines Inhalts wegen, sondern auch in den Konsequenzen, die es in den Handlungen und Haltungen der psychoanalytisch orientierten Kindertherapeuten zur Folge hat. Das bei Kindern zu beobachtende Bedürfnis nach sozialem und einfühlsamem Verhalten lässt an einen autonomen Kern moralischen Handelns denken und die Bestimmung des Über-Ichs als einer total heteronomen Instanz tendenziell fragwürdig erscheinen. Es stellt sich die Frage, inwieweit das bisherige psychoanalytische Konzept des Über-Ichs zwar für die Beschreibung gewisser psychopathologischer Phänomene zutreffend ist, aber hinsichtlich einer Theorie der moralischen Entwicklung revisionsbedürftig erscheint. Seit dem Aufkommen der Psychoanalyse ist eine naive bewusstseinspsychologische Betrachtung moralischen Handelns eigentlich nicht mehr möglich. Unsere moralischen Prinzipien könnten, sollten für jeden reflexionsfähig und -bedürftig sein. Von daher können wir Einstellungen in dieser Frage, die sich aus der Verhaltensforschung ableiten, und die sich auf Strafe und Belohnung beziehen, nur ganz am Rande teilen. Die verinnerlichten Über-Ich-Normen der Eltern, die diesen ja selbst nur partiell bewusst sein können, und von denen teilweise Autonomie erstrebt wird, bestimmen

---

[9] Grosz, Pedro: Vortrag, gehalten am 6.2.1993 auf dem 14. Workshop Kinderpsychoanalyse in Kassel; veröffentlicht in: Arbeitshefte Kinderpsychoanalyse 17, Kassel 1993, S. 19–29.

das menschliche Handeln in erheblichem Masse, aber auch jene Wertmaßstäbe der gruppalen und sozialen Ordnung, in der die kindliche Entwicklung stattfindet.

Die Erklärung, dass ein Kind die für seine Triebbefriedigung wichtigen Ziele aus Angst vor Bestrafung aufgibt, ist zwar mit einer Lerntheorie vereinbar, lässt aber die Selbstwerterhöhung und Befriedigung beim Erlernen der Normen ausser Acht. Das Ich-Ideal ist das Erbe des verloren gegangenen kindlichen Narzissmus. Bei den komplexen identifikatorischen Vorgängen der psychischen Entwicklung kann die idealisierte Eltern-Imago mit deren Forderungen und Geboten etwas vom narzisstischen Wohlgefühl zurückgeben. Freud schrieb 1914:

„Er will die narzisstische Vollkommenheit seiner Kindheit nicht entbehren. Was er als sein Ideal vor sich hin projiziert, ist der Ersatz für den verlorenen Narzissmus seiner Kindheit, in der er sein eigenes Ideal war."

Paul Parin hat 1977 mit der Arbeit über „Das Ich und die Anpassungsmechanismen" aufgezeigt, welch ausserordentlich wichtige und aufschlussreiche Zusammenhänge in der Beziehung vom Einzelnen zu seiner Gruppenzugehörigkeit im Verlaufe seiner Sozialisierung bestehen.

Lorenz ging nicht in die Schule!

Am Anfang hatte man ihn zu überreden, zu überzeugen versucht, ihn in die Schule begleitet. Die Mutter blieb während des Unterrichts im Klassenzimmer, später wurde man strenger, aber Lorenz ging nicht. Einmal haben sie es sogar mit sehr viel Kraft versucht. Der ältere Bruder und der Vater haben ihn unter Schreien und Toben hingebracht, danach lief er wieder nach Hause. Auf Anraten der ersten Familientherapeutin kam er in eine Kleinklasse. Einige Wochen ging alles gut – dann nicht mehr. Auch zur Familientherapie kam Lorenz nicht.

Ein zweiter familientherapeutischer Versuch geriet eher zu einer Paartherapie, da alle drei Buben der Familie nicht mehr hingehen wollten. Später hat sich auch die

Schulpflege eingeschaltet, durch diese dann der schulpsychiatrische und später der Kinderpsychiatrische Dienst. Auf Rat der Psychiaterin erhielt Lorenz für die Dauer eines Jahres Privatunterricht. Die dritte Primarschulklasse fand zuhause statt. Da der Unterricht sehr erfolgreich und glücklich verlief, machten sich Lorenz und die Eltern und die ganze Umgebung Hoffnungen auf die vierte Schulklasse. Lorenz ging zwei oder dreimal in die Schule – dann ging er nicht mehr. Die Schulpflege forderte sogar eine Geldbuße. Diese wurde bezahlt. Doch all dies beeindruckte Lorenz nicht. So erzählten Mutter und Vater die Situation, die sie veranlasst hatte, einen Psychoanalytiker aufzusuchen.

Beide Eltern saßen vor mir, und während sie mir von der so schwierigen Situation erzählten, beeindruckte mich die Verlegenheit, die in ihren Gesichtern abzulesen war. Als ich sie darauf aufmerksam machte, bekam ich denn auch zur Antwort, dass sie schon viele solche Gespräche geführt hätten und dass sie dachten, dass es wohl auch dieses Mal bei einem Versuch bleiben werde. Ich antwortete ihnen, dass es tatsächlich auch für mich ein Versuch sei, und dass es gar nicht sicher sei, ob wir gemeinsam so arbeiten könnten, dass sich trotz aller Kritik und Vorbehalten etwas verändern könne. Es müsse für sie doch unangenehm sein, noch einmal ihre familiäre Situation zu erzählen, Lorenz vorzustellen. Dabei hätten sie ja von überall her das Gefühl bekommen, dass in ihrer Familie etwas nicht stimme und dass es an ihnen läge, die Norm zu erfüllen und Lorenz in die Schule zu schicken. Sie stimmten diesen Gedanken zu und machten mich darauf aufmerksam, dass sie nicht gewillt seien, ihre Paarverhältnisse erneut zu besprechen, und schilderten nochmals die aktuelle Situation.

Während des nun ablaufenden Schulquartals kehrte keine Beruhigung der Situation ein, obwohl Mutter und Vater und der erfahrene und sehr kooperationsbereite Klassenlehrer immer wieder nach Lösungen suchten. Der Viertklässler kam immer wieder in seelische Not, weshalb er aus Angst dem Unterricht fern blieb. War ihr Sohn in psychische Not geraten, standen sie ihm bei. Sie versuchten, ihn zu beruhigen und behielten ihn zuhause, auch um die enorme Belastung für Kind und Familie zu verringern. Sie sprachen von einem sehr sensiblen, verletzlichen, empfindsamen Sohn, der sich ganz anders entwickle als die zwei älteren Brüder. Sie erzählten auch, dass der Bub zurzeit stark geprägt sei von den vielen negativ erlebten Erfahrungen, und dass er sich gegenwärtig dementsprechend verunsichert, orientierungslos verhalte und leider keine Freunde mehr habe. Früher, im Kindergarten und in der ersten Klasse sei dies ganz anders gewesen.

Später, in einer anderen Elternsitzung, als ich die Eltern fragte, wie sie Lorenz informieren würden, dass er zu mir kommen soll, sagten sie etwa, „zu einem anderen Psychotherapeuten, der mit ihm spielen werde, um ihm zu helfen". Ich widersprach dieser Begründung und besprach mit ihnen die Neigung, das ängstliche Kind durch Verniedlichungen nicht transparent genug zu informieren und ihn mit solchen Einladungen zum Spiel zu etwas zu verführen, was im Grunde genommen gar nicht gemeint sei. Wir einigten uns auf eine Aussage, in der sie Lorenz erzählen würden, dass sie jetzt verstehen möchten, was los sei, und dass sie als Eltern Hilfe brauchten und bekümmert über die Entwicklung ihres Lorenz seien. An dieser Stelle des Elterngesprächs erfuhr ich erstmals, dass sowohl Mutter wie Vater in Einzeltherapie waren.

Lorenz kam – nein, er wurde von den beiden Eltern gebracht – zu der ersten Sitzung. Ich ließ ihn in mein Praxiszimmer eintreten. Die beiden Eltern warteten derweilen draußen im Wartezimmer.

Ich sagte etwa sinngemäß: „Deine Eltern haben dir sicher erzählt, warum sie wollen, dass du zu mir kommst."
Lorenz: „Nein!"
Ich: „Ah, nicht? Dann frag sie doch schnell, sie sind im Wartezimmer."
Lorenz: „Ich will nicht!"
Ich: „Du willst gar nicht fragen gehen, weil du es schon weißt... aber du weißt es und auch nicht, so hin und her. Ein bisschen weißt du es und ein bisschen weißt du es nicht."
Lorenz: „Warum sagen Sie das nicht mit der Schule?"
Ich: „Da muss ich dir sagen – zur Zeit ist es mir gleichgültig, ob du zur Schule gehst oder nicht. Ich verstehe nur nicht, was los ist – so viele Probleme und Streitigkeiten wegen der Schule. Alle sagen, dass das Problem sei, dass du nicht in

die Schule gehst. Ich meine etwas ganz anderes. Magst du mir überhaupt zuhören?"

Lorenz: „Wo kann man hier spielen?"

Ich: „In den anderen Therapien konntest du vielleicht spielen. Bei mir kannst du etwas mitbringen, wenn du willst, aber ich will nicht mit dir spielen, sondern dir sagen, dass man dich nicht so ganz versteht."

Lorenz (etwas beleidigt): „Ich kann doch gut reden."

Ich: „Ja schon, aber was da los ist mit dir ... wofür ist so viel Druck und Streit gut – das versteht man nicht. Das ist wirklich schwierig."

Als die Sitzung fertig ist, geht Lorenz ins Wartezimmer und sagt den Eltern laut und strahlend: „Ich muss nicht mehr kommen."

Ich stehe dahinter und rufe aus: „So ein Chabis (Unsinn) – klar muss er wieder kommen, wie abgemacht am Mittwoch."

Ich überspringe in der Schilderung jetzt etwa 15 bis 20 Sitzungen bis zu jener, die ich mit einer Interpretation beginnen kann.

Ich: „Lorenz, ich glaube, dass du so starke Gedanken hast, so kräftige Vorstellungen, dass du machen kannst, dass alles so ist, wie du es brauchst oder gerne hättest."

Lorenz: „Sie meinen so wie mit der Schule?"

Ich: „Ja ... das wäre etwa so – du denkst, dass du in die Schule gehst ... und dabei gehst du gar nicht."

Lorenz: „Ich bin der beste Schüler!"

Ich: „Aha, ja klar ... du denkst, Lorenz kann das alles, so wie du denken konntest, ich hätte gesagt, dass du nicht mehr kommen musst, oder einfach alles, was du willst."

Lorenz: „Ja, dann sind alle zufrieden, plagen mich nicht mehr."

Ich: „Ja, und du kannst dir vorstellen, wie du aufstreckst und alle Antworten weißt."

Lorenz streckt jetzt auf und schnippt mit dem Finger, so, wie wenn er möchte, dass ihn ein imaginärer Lehrer sieht. Strahlt freudig dabei. Am Ende der Stunde bittet er mich, auch nächstes Mal mit ihm wieder Schule zu spielen.

Zur nächsten Stunde kommt Lorenz mit einer kleinen Wandtafel und spielt einen Unterricht vor, in dem viele Schüler nicht recht begreifen, ausser einem – der Schüler Lorenz.
Ich: „Lorenz ist der Beste in der Klasse. Der kann alle Fragen beantworten."

Der traurige, verletzliche Bub lacht in den Stunden und ist sehr fröhlich.

Dann sage ich: „Im Spiel und in Gedanken bist du der beste Schüler, der allerbeste …"
Lorenz: „Komm, komm – spiel weiter!"
Ich: „Du könntest immer weiter so denken und immer weiter so spielen - mir wird es langweilig, und ich denke, dass du Angst hast, dass deine Spielschule verloren geht, kaputt geht, wenn du in die wirkliche Schule gehen würdest."

Diese Interpretation war ein Fehler! Ich war zu ungeduldig. Das „Schule spielen" geht nicht mehr weiter, hört auf. Lorenz schweigt und ist sichtbar verletzt. Ich versuche zu erklären, dass es nicht gegen ihn gemeint war, etwa:

Ich: „Das hat dich so schlimm getroffen, dass ich denken muss, dass du da schon eine Wunde hattest, so wie wenn ich dich dort verletzt hätte, wo du schon verletzt warst – und das ist dann furchtbar. Ich wusste aber nichts von dieser Wunde, dass sie grad da war."
Lorenz: „Mario und Andreas hören auch schon zu spielen auf."
Ich: „Deine Brüder sind größer als du und finden deine Spiele manchmal auch langweilig."
Lorenz (weint fast, aber gibt sich Mühe, weiterzureden): „Alle machen das …"
Ich: „Du dachtest, ich würde sicher darauf achten und es nicht wieder machen. Dabei hast du mir erzählt, dass du alles so gut machen möchtest, dass es bei dir keine Fehler gibt, dass dich alle bewundern, niemand dich langweilig findet."

Lorenz: „Ich bin jetzt müde, möchte heim."

Ich: „Du hast recht. Für heute haben wir ganz viel verstanden."

In der folgenden Zeit beschäftigten wir uns vor allem mit der Verarbeitung dieser Gedanken. Lorenz war in eine Sackgasse geraten. Als jüngster der Familie und als kleiner, ängstlicher und empfindlicher Junge in der Klasse konnte er für sich nur einen Ausweg finden, zuhause bleiben, um sich zu erholen.

Ich: „Du wartest darauf, dass du einmal so stark sein wirst, dass du in die Schule gehen kannst und dir nichts mehr geschehen kann. Niemand kann dich dann verletzen, niemand kann das, was du machst, langweilig finden."

Lorenz: „Wenn die blöden Affen mich nicht mehr verletzen können, kann ich in die Schule ... ich muss mich erholen."

Ich: „Bei einer Krankheit, einer Grippe oder so, kann man warten, bis sie vorbei ist. Was meinst du, Lorenz ?"

Lorenz: „Müssen Sie nicht sagen!"

Ich: „Gut, ich sage es nicht ... aber es geht nicht ..."

Lorenz: „Sie kann man nicht verletzen?"

Ich: „Doch, doch. Ich werde dann wütend. Darfst du das?"

Lorenz: „Ich kann dich nicht zusammenschlagen."

Ich: „Kleinere vielleicht schon, aber es geht nicht um das Zusammenschlagen, sondern dass du nichts mehr machen kannst ..."

Lorenz: „Doch."

Hier schweigt Lorenz wieder, kritzelt auf ein Blaupapier, die Stunde geht um. Einige Stunden später habe ich wieder etwas verstanden und sage es ihm auch.

Ich: „Du kannst etwas machen, wenn du wütend bist. Du ziehst dich zurück, lässt die anderen zappeln und kehrst dann wieder zurück. Das wirkt auch hier, mit der Schule, in der Familie, überall."

Lorenz: „Wenn das jemand weiß, komme ich nicht mehr!"

Ich: „Ich sage es doch niemandem, aber über deine Geheimmethode müssen wir sprechen. Sie ist nicht nur gut."

Lorenz: „Fangen Sie wieder an?"

Ich: „Nicht so, wie du meinst. Ich streite nicht mit dir, aber ich weiß, wie gescheit du bist. Ich finde schon, dass wir einiges zusammen überlegen können."

Lorenz: „Ich nicht!"

Ich: „Du erwartest wieder Verletzungen. Ich will nicht gewinnen."

Lorenz: „Weil Sie der Einzige sind, der meine Geheimmethode kennt, müssen Sie sich nichts darauf einbilden."

Ich: „Nur du weißt, dass ich deine Methode kenne, und ich werde nur mit dir darüber sprechen."

Lorenz: „Vielleicht einmal."

Einige Stunden lang kommt Lorenz mit einem schönen Spielflugzeug der Swissair. Er erklärt mir, dass alle Teile maßgetreu dem großen „DE 1025" nachgebildet seien. Später bringt er auch eine „Boeing AE" mit. Er zeichnet und redet wenig. Ich insistiere und warte zugleich. Meine Ungeduld wächst wieder.

Ich: „Alle deine Zeichnungen sind so schön. Die Flugzeuge, die du bringst, sind ganz genau. Ich finde die Worte nicht mehr, um über deine Geheimmethode zu reden, und du hast ja gesagt, dass wir einmal reden würden."

Lorenz: „Ich finde das da auch langweilig, immer zeichnen."

Ich: „Also komm, wir sprechen über deine Methode. Sonst kommt es mir vor, als würdest du sie gegen dich und mich verwenden, überall."

Lorenz: „Ja ..."

Ich: „Deine Methode ist ja gut, um andere zum Zappeln zu bringen, aber du selbst musst dabei viel aushalten."

Lorenz: „Ist mir doch gleich."

Ich: „Nein, nein – dir wird es auch langweilig."

Lorenz: „Ich denke mir Sachen."

Ich: „Wahrscheinlich wütende Sachen, wie du kämpfen würdest und gewinnen."

Lorenz: „Nein! Nicht mit Leuten."

Ich: „Machst du mir eine Zeichnung, wie du so denkst?"

Ab jetzt macht Lorenz eine Kriegszeichnung nach der anderen. Flugzeuge greifen Panzer an, Artillerie setzt Flugzeuge in Brand, Flugzeugträger, Raketen, Satelliten, Radar, Infrarot – alles wird in den Darstellungen eingesetzt. Dann in einer Stunde:

Ich: „Du zeigst, dass du nicht wütend auf Leute bist, aber im Krieg hat es immer Leute dabei. du zeichnest Flugzeuge, Panzer und so. Leute darf man nicht – nicht wahr? Das hast du gelernt. Die sieht man nicht, die sind in den Dingen drin."
Lorenz: „Wenn die das wüssten ..."
Ich: „Ja, denken kann man das ja – die anderen wissen deine Gedanken nicht!"

Das Thema in den Stunden ist anders geworden. Lorenz zeichnet jetzt auch Tote und Verletzte und wir sprechen von Strafängsten und Verboten, die solche Taten nicht zulassen. Wir sprechen auch darüber, wie schrecklich es wäre, wenn solche Dinge, die er in seinen Zeichnungen darstellt, geschehen würden. Wir sprechen über Kriege, die es tatsächlich gibt und über die Notwendigkeit, mit Wut und Behauptungswünschen für sich selbst doch einen Weg zu finden. Dann kommt eines Tages Lorenz mit einer Beule am Kopf in die Stunde. Er erzählt mir, dass er mit einem Buben seiner Klasse auf der Straße gestritten habe. Er ist ihm zufälligerweise begegnet, und fast wortlos sind sie übereinander hergefallen. Lorenz hat verloren, er lag am Boden, der andere auf ihm. Aber, so erzählt er mir, es sei gar nicht so schlimm gewesen.

Von da an ging der Bub in die Schule, zwar unregelmäßig, aber er konnte allmählich dem Unterricht folgen. Er erzählte mir auch, wie es in der Schule gewesen war.

Etwa drei Monate später möchte ich eine Stunde beenden. Lorenz geht zur Türe und kehrt wieder an seinen Sitzplatz zurück. Ich fordere ihn nochmals spontan auf, zu gehen, da ich die Stunde beenden möchte. Er geht wieder zur Türe und kehrt wieder zurück.

Ich: „Es ist so, wie wenn es dir Angst machen würde zu gehen."
Lorenz schaut zu Boden und sagt: „Wegen Ihnen."
Ich: „Wegen mir? Es könnte mir etwas zustoßen?"
Lorenz: „Das gibt es doch."
Ich: „Ja, dass einer geht und dem anderen etwas geschehen kann."

Lorenz: „Ja."

Ich: „Wir haben in der Stunde von der Wut auf deinen Lehrer gesprochen, weil er dich nicht beachtet, wenn du aufstreckst."

Lorenz: „Nein, nicht so!"

Jetzt steht er auf und geht. In den nächsten Stunden sprechen wir über seine Ängste, dass nicht nur mir, sondern vielen Leuten, die ihm wichtig sind, etwas zustoßen könnte, wenn er geht. Da ich der Meinung bin, dass solche Ängste wohl Projektionen seiner aggressiven Phantasien sind, besprechen wir diese weiter.

Dann kommt Lorenz einmal in die Stunde und sagt: „Ich habe einen Traum geträumt, den ich früher schon einmal hatte. Meine Mutter sagte, ich soll ihn erzählen."

Ich: „Ja."

Lorenz: „Ich komme nach Hause. Meine Mutter ist nicht da. Ich rufe, dann gehe ich ins Zimmer der Eltern, mein Vater ist da mit der Pistole, ich habe Angst gehabt und bin dann zur Mutter."

Ich: „Aha, Du bist aufgewacht und bist dann zur Mutter gegangen. Das ist ja ein schlimmer Traum gewesen."

Wir sprachen in den Stunden jetzt weiter über Aggressionen, über Rivalitäten, über ödipale Auseinandersetzungen. Ich selbst hatte aber stets das Gefühl, dass im Traum noch viel Ungeklärtes war. Ich wusste, dass der erzählte manifeste Traum nicht jene unbewussten Tendenzen wiedergeben würde, die verdrängt werden sollten. Doch war es ein Angsttraum gewesen. Er musste daraus erwachen. Die Beendigung der Therapie fiel mir ein, die Beendigung der Therapie als ein aggressiver Akt. Dies alles führte nicht weiter.

Im Elterngespräch, welches parallel zur Therapie verlief, nahm die Mutter das Thema vom Traum auf und bat ihren Mann, doch selber zu sprechen. Dieser erzählte, dass er vor Jahren als Folge einer Ehekrise tatsächlich kurz vor dem Suizid war, als Lorenz aus irgendeinem Grund von der Schule zurückgekommen sei. Alle hätten an diesen Zwischenfall nicht mehr denken, ihn vergessen wollen. Die Mutter sagte, sie habe es nie ganz richtig gewusst. Durch die Arbeit mit ihnen und dank dem, dass der Zwischenfall als etwas galt, das lange zurücklag, wurde es möglich, dass eines Tages in der Familie darüber gesprochen werden konnte. So erfuhr es auch Lorenz. Seine Todesängste und seine Ängste, dass jemandem etwas zustoßen könnte, bekamen auf diese Weise eine andere, neue Dimension und Bedeutung. So nahe an der Wirklichkeit waren seine Strafängste mit schrecklichen Erinnerungen durchmischt, und die Arbeit bestand von nun an darin, diese zu entmischen. Jene, die wohl doch seinem starken, strengen Über-Ich galten und jene anderen, ganz tiefen Erinnerungen, die sich auf das bezogen, was einmal fast geschehen wäre.

Dann –

Lorenz: „Mir passiert nichts, Ihnen passiert nichts, wenn wir aufhören mit der Therapie – oder?"

TEDDY – EFFIZIENZ, KOSTEN, PSYCHOANALYSE

Erwägungen zur gegenwärtigen berufspolitischen Situation und zur Psychoanalyse mit Teddy

Seit vielen hundert Jahren wird abendländische Wissenschaft nahezu ausschließlich unter dem Aspekt des Nutzens betrieben. Als im 17. Jahrhundert der Slogan „Wissen ist Macht" geprägt wurde, konnte sich sein Autor, der Brite Francis Bacon, nur vorstellen, dass die Menschen diese Macht einzig und allein dazu einsetzen würden, die Welt zum Besseren zu verändern. „Tantum possumus quantum scimus" lautete das Motto.

Spätestens seit dem Nutzen, zu dem Wissenschaft im nationalsozialistischen Wahnsinn, während des Zweiten Weltkriegs, missbraucht wurde, wissen wir es besser.

So stellt sich das Problem, welches denn nun die Quelle sein soll, aus der unsere westliche wissenschaftliche Welt ihre moralischen Vorstellungen beziehen kann. Es könnte doch sein, dass zwar vordergründig Auseinandersetzungen um ethische Maßstäbe stattfinden, im Hintergrund aber der Nutzen der Wissenschaft in unserer Gesellschaft sich auf die Ökonomie reduzieren lässt, ja, dass dies die ganze Zeit über die ethischen Maßstäbe bestimmt hat.

In unserer Zeit, in der Sorgen um die Ressourcen das soziale Klima prägen, scheint die einzig mögliche Vorstellung von Nutzen sich auf die ökonomischen Bedingungen zu beziehen. Zur Wissenschaft gehört aber das Wissen darüber, dass nicht nur Macht und Geld produziert werden, sondern auch das Gefühl, dass die Natur mit vielen Werten ausgestattet ist, deren Bedeutung prima vista nicht zweckbestimmt ist.

„Teddy", von dem ich heute erzählen möchte, stammte aus relativ ärmlichen

Verhältnissen. Seine Familie war auf die finanzielle Unterstützung der öffentlichen Institutionen angewiesen.

Die psychoanalytische Therapie wurde mehrmals abgebrochen. Dabei wurde Geld als Machtmittel eingesetzt.

Marianna Bolko und Alberto Merini zitierten am Anfang ihres Referates am Psychoanalytischen Seminar Zürich[10], Freud, der 1915 schrieb: "dass das Unbewusste einer Person auf das Unbewusste einer anderen reagieren kann, wobei das Bewusstsein umgangen wird".

Der Begriff der Identifizierung erhielt in Freuds Werk zunehmend zentrale Bedeutung; dadurch wurde er mehr als nur ein psychischer Mechanismus unter anderen. Es ging um einen Vorgang, durch den sich das menschliche Subjekt konstituiert. Die sogenannte „Imitation" und die seelische Ansteckung waren seit Langem bekannt, aber Freud ging weiter, indem er diese durch die Existenz eines unbewussten, den Personen gemeinsames Element erklärt:

„Die Identifizierung ist also nicht simple Imitation, sondern Aneignung auf Grund des gleichen ätiologischen Anspruches; sie drückt ein gleichwie *aus und bezieht sich auf ein im Unbewussten verbleibendes Gemeinsames".*[11]

Dieses gemeinsame Element kann sich in einem Gedanken oder auch in einer Phantasie manifestieren.

In meinem Referat will ich mich besonders mit der Identifizierung und mit dem „Identifizierungsdruck" befassen.

Wie ich schon sagte, unser Leben wird zunehmend „ökonomisiert". Viele erinnern sich kaum noch an jene „Überflussgesellschaft", „Konsumgesellschaft", in der nicht das „Zuwenig", sondern das „Zuviel" zu schaffen machte. Knappheit scheint nun

---

[10] Marianna Bolko und Alberto Merini: Vortrag am Psychoanalytischen Seminar Zürich, 1992, „Psychische Ansteckung, projektive Identifikation, Telepathie".

[11] Freud, Sigmund: Die Traumdeutung, GW II/III, S. 155/156.

überall die Sorge zu sein, in den Läden fehlt es an Nachfrage, auf dem Arbeitsmarkt an Stellen und in den Staatskassen an Steuergeldern.

Alles kalkulierend, sollen wir unser Leben nach dem Verursacherprinzip und der Risikogerechtigkeit, Kostenwahrheit und Effizienz ausrichten. Für den Fall, dass zu viel an diesem Prinzip gezweifelt wird und Fragen gestellt werden, wer wohl dieses Wirtschaftsklima anheizt, haben die Medien genügend vorgesorgt: Nachrichten und Bilder von entsetzlichen Krisengebieten, Kriegen, Elend in der dritten Welt, von Menschen, denen es noch viel schlechter geht, ersticken jedes Argument. Es bleiben nur noch Entsetzen, Schmerz und Angst und lenken die Aufmerksamkeit auf das, was man für sich auf jeden Fall vermeiden will. Es macht uns gefügig für die Argumente des liberalisierten Marktes mit seinen „Share-Holder-Values", den damit verbundenen und als zwingend erachteten Abeitsplatzeinsparungen in den Betrieben, den rigorosen Sparmaßnahmen im Gemeinwesen und bei den Trägern unseres Sozialversicherungsnetzes.

Eine Begriffsablösung setzt sich durch. Eine antiautoritäre Bewegung braucht es nicht mehr, erscheint nicht am Horizont, denn in einer wirtschaftlich dominierten Welt haben Autoritäten ohnehin ausgespielt. Gefragt ist hier *„Kompetenz"* – und wer wollte sich schon gegen so was Erhabenes wie Kompetenz auflehnen? Auch Fortschritt oder gar permanente Revolution, Begriffe, die einen politischen Inhalt hatten, sind aus dem Wortschatz verschwunden. Stattdessen ist überall von Strukturanpassung und Gesundschrumpfung, Flexibilität, New Public Management und Qualitätssicherung die Rede. Man findet in fast jedem Bereich triftige Gründe für das Verursacherprinzip, für Risikogerechtigkeit und marktwirtschaftliche Effizienz. In der Landwirtschaft oder im Energiesektor, in der Ökologie, im öffentlichen Verkehr und natürlich auch im Gesundheitswesen. Privilegien werden an Privilegierte gewährt, Subventionen an Bedürftige gestrichen, scheinbar zwingend unter den Gesetzen des „freien" Marktes. Bei näherer Betrachtung erscheint dies willkürlich und unangebracht.

Man wird den Eindruck nicht los, dass dieses unermüdliche Streben nach immer größerer wirtschaftlicher Effizienz nicht halten kann, was es verspricht.

Stress, Tempo, Leistung bringen nicht die Erlösung, die man sich erhofft. Vor allem, wenn scheinbare finanzielle Sanierung der Unternehmen und Institutionen durch Entlassungen, die „Rationalisierung" heißen, erreicht werden.

Je mehr Arbeitslose entstehen, desto eher steigen die Aktienkurse und Dividenden. Unsicherheit und Angst machen sich breit. Nicht durch Produktion und Arbeit wird verdient, sondern mit Geld macht man Geld.

Von den Angestellten und Arbeitnehmern wird „Corporated Identity" verlangt und gefordert, ein absoluter Identifizierungszwang mit den Zielen und Vorhaben der Institutionen. Man soll sich zugehörig fühlen und nicht nachdenken, geschweige denn kritisieren; eine soziale Situation, in der klares Denken und nüchternes Überlegen nur im Sinn der vorgegebenen Ideologie gefragt ist, aber gleichzeitig durch Produktion von Angst auf vorgegebene Geleise gelenkt wird. Identifizierungszwang breitet sich aus! In irgendeiner Weise wird auf dieses Klima reagiert. Die einen probieren, zum Beispiel, das Ganze zu negieren; sie behaupten einfach, ihre Arbeit zu machen und sind politisch resigniert. Andere wenden sich idealistischen philosophischen Konzepten zu, die mit der Psychoanalyse wenig zu tun haben. Es gibt Menschen, die sich sogar viel vom Sparen erhoffen und Funktionäre des Systems werden. Viele haben starke Befürchtungen und Sorgen und suchen in stetiger Auseinandersetzung nach Wegen.

Wenn die Umwälzungen in der Wirtschaft derart rasant vonstatten gehen, dass jede Stelle jederzeit gefährdet ist, leben alle im Gefühl permanenter Unsicherheit. Selbstverständlich sind Psychotherapie und Psychoanalyse in diesem alles erfassenden Trend keine Ausnahme. Bei uns in der Schweiz gibt es die Krankenkassen. Man erwartet von ihnen Geld für Behandlungen, medizinische Versorgung, Sicherheit, wenn man krank ist.

Die banale Botschaft, dass die „Kostenexplosion" im Gesundheitswesen durch Kurzpsychotherapien zu bekämpfen sei, verfängt zurzeit in der Öffentlichkeit vor allem aufgrund ökonomischen Wunschdenkens.

Die Anmeldungen möglicher neuer Klienten lauten schon am Telefon: „Zahlt bei Ihnen die Krankenkasse?" Es ist nicht wichtig, wer sie sind, woran sie leiden, warum sie sich anmelden, wer sie überweist. „Wer zahlt, und wie lange geht ‚es'?" sind die entscheidenden Fragen. Noch nie war unser Beruf so unter Druck!

Als Motto für sein Buch „La persona e la tecnica" hat Pier Francesco Galli geschrieben:

> „*...Se si accetta di mantenere la psicoanalisi come una practica irriducibile ad altri discorsi, e che continuamente trasforma se stessa e il suo oggetto, la psicoanalisi non è in crisi, ma può ancora provocare crisi".*[12]

> – Bewahrt man die Psychoanalyse in ihrer Wandlungsfähigkeit als eine nicht durch andere Wissensgebiete einschränkbare Wissenschaft, so ist sie nicht in Krise, sie kann aber immer noch Krisen bewirken. (von PG übersetzt)

Pier Francescos klarer, deutlicher Satz entspricht ja so sehr den Zielen und Wünschen von linken Psychoanalytikerinnen seit bald einem Jahrhundert. Ich möchte z.B. Horkheimer in „Materialismus und Moral", 1933, zitieren:

> *"Die Weise, in der jeder Einzelne durch seine Arbeit den Gang der Gesamtgesellschaft mitbewirkt und wiederum von ihr beeinflusst wird, bleibt im Dunkeln. Alle sind an der guten oder schlechten Entwicklung der Gesamtgesellschaft beteiligt, und doch erscheint sie als Naturgeschehen.*
> *Die Rolle in diesem Ganzen, ohne die kein Individuum in seinem Wesen zu bestimmen ist, wird nicht gesehen.*
> *Jeder hat notwendig(erweise) ein falsches Bewusstsein von seiner Existenz, die er bloß als Inbegriff vermeintlich freier Entschlüsse mit psychologischen Kategorien zu begreifen vermag ... Das Ganze erscheint daher als Mahnung, als Forderung und beunruhigt im moralischen Bedenken das Gewissen der fortschrittlichen Individuen".*[13]

Meiner Meinung nach bezieht sich der Gedanke Pier Francescos auf die theore-

---

[12] Galli, Pier Francesco: La Persona e la technica, FrancoAngeli, Milano 2002.

[13] Horkheimer, Max: 1968, Kritische Theorie Bd. I u. II, Hg.

tischen und klinischen Aussagen der Psychoanalyse. Diese sind aber niemals zu verwechseln mit dem ökonomischen Wohlergehen der Berufsleute.

Wehe jenen, die heute nicht rechnen können. Sparen ist eine praktische Sache!

Man kann unliebsame Forschungszweige sogar damit verschwinden lassen!

Wir können heute nicht annehmen, dass eine sozial- und institutionskritische Psychoanalyse anerkannt, akzeptiert und betrieben wird. Es braucht sehr viel Kraft, Solidarität und Entschlossenheit, um unsere Wissenschaft nicht mit den Maßstäben der Ökonomie messen zu lassen.

Manchmal, in krisenhaften Momenten, denke ich, dass man unseren Beruf gar nicht mehr ausüben kann, und dann erinnere ich mich tröstend an noch schwierigere Zeiten, z.B. an jene, in denen die jährliche Inflation in Argentinien 760 Prozent betrug. Die Analytiker hatten Sekretäre engagiert, deren Aufgabe es war, vor jeder Sitzung das Honorar nach dem jeweiligen Dollarkurs zu bestimmen. Manchmal hatte man zu wenig Pesos dabei … (zum Vergleich: Eine Sitzung, die heute hundert Euro kostet, würde morgen 7600 Euro kosten).

Im zweiten Teil dieser Arbeit will ich Ihnen Teddy vorstellen. Die Arbeit mit ihm fand Mitte der Siebzigerjahre statt. Das damals vorherrschende politische und ökonomische Klima war geprägt von der Ölkrise und dem damit einhergehenden wirtschaftlichen Einbruch. Viele Leute wurden arbeitslos, vor allem ausländische Arbeitskräfte in der Schweiz, die dadurch gezwungen wurden, in ihr Heimatland zurückzukehren. Man sprach von einer exportierten Arbeitslosigkeit. Es traf viele Italiener, Spanier, Portugiesen, Griechen usw., Menschen, die aus Ländern kamen, die heute EU-Mitglieder sind.

Keineswegs will ich die heutige Zeit mit jener gleichsetzen, sondern das Arbeiten im Klima der Rezession zum Vergleich verwenden.

In den 70er-Jahren haben die Zürcher Psychoanalytiker Fritz Morgenthaler, Goldy und Paul Parin die Ergebnisse ihrer Untersuchungen in verschiedenen Ländern und Kulturen, die sich hauptsächlich mit den Entwicklungen des Über-Ichs und des Ich-Ideals, publiziert.

Parin schrieb 1976: „Die Ethnopsychoanalyse (...) nimmt an, dass die Kräfte, welche von der Geschichtsschreibung, der Ethnologie und Soziologie studiert werden, die Evolution der Kulturen in Bewegung halten, und dass sie nicht nur in der Makrosozietät ihre Wirkung entfalten, sondern bis in die verborgenen Regungen der individuellen Psyche hinein wirksam sind. Dies gilt für soziale Strukturen und für alle Produktionsverhältnisse, von den einfachsten, welche die Subsistenz garantieren, bis zu jenen politischen Strukturen, die im Dienste einer umfassenden und komplizierten Wirtschaftsordnung stehen."

Wir untersuchen die psychische Entwicklung und ihr Ergebnis, die in der Kindheit verinnerlichten psychischen Konflikte. (...) Die genetische Betrachtung ist das Rückgrat der psychoanalytischen Theorie. (...)

Das Ergebnis der Konflikte, in die das Kind und der Heranwachsende in jeder Gesellschaft unvermeidlich gerät, wird verinnerlicht. Man kann das auch so ausdrücken, dass jedes Kind intensiven Interaktionen mit seiner Umwelt ausgesetzt ist, die es in einer Familie oder in einer ihr entsprechenden Gruppe nach ganz bestimmten Erziehungsgewohnheiten aufzieht. Der Ablauf dieser Interaktion ist sehr verschieden, wenn man Kulturen, Subkulturen oder aber Schichten und Klassen der gleichen ethnischen Einheit miteinander vergleicht. Gesteuert durch emotionale Signale, passt sich das Kind diesem Austausch mit der Umwelt an. Der Anpassungsvorgang steht unter dem Einfluss biologisch determinierter Reifungsprozesse und steuert seinerseits mannigfache Lernprozesse, die in jeder „culture" wieder andere sind.

„(...) Da in jeder ethnischen Einheit verschiedenartige Einflüsse der 'Umwelt' (im engen und weiteren Sinn) einbezogen werden müssen, die man in der klassischen Psychoanalyse stillschweigend als immer gleich gegeben anzunehmen pflegt, umfasst das Entwicklungs-„Modell" schließlich auch Lernprozesse und Anpassungsvorgänge jeder Art und fällt etwa mit dem zusammen, was von der Soziologie mit „Sozialisation" bezeichnet wird.

Das kulturspezifische psychoanalytische Modell umfasst demnach das, was man in der klassischen Analyse als das Ergebnis der psychischen Entwicklung ansieht, betont aber zusätzlich jene strukturellen, funktionellen und inhaltlichen psychischen Phänomene, die aus der Umwelt herstammen. Sie sind ein spezifischer Bestandteil des Modells, während sie in der klassischen psychoanalytischen Entwicklungstheorie zwar als allgemeine Voraussetzung für die seelische Entwicklung (oft nur als Reize) Beachtung finden, aber innerhalb des entwickelten seelischen Apparats nur soweit beschrieben werden, als sie einen besonderen Stellenwert haben, z.B. als Ich-Ideal, als Introjekt, als dauerhafte Identifikation u.ä.m."[14]

Meiner Meinung nach ist die Handhabung der Deutungstechnik jene entscheidende Voraussetzung für die Strukturierung und das Einleiten des psychoanalytisch-therapeutischen Prozesses. Die Beobachtung des analytischen „Materials" ist davon abhängig, mit welchen Konzepten wir implizit oder explizit Interaktionen deuten und damit das Wahrnehmungsfeld strukturieren. Hier kommt der Identifizierungsfähigkeit des Analytikers eine entscheidende Bedeutung zu.

Es ist Mode geworden, über „Empathie" zu reden in der therapeutischen Tätigkeit, dort, wo es um die Fähigkeit geht, sich mit einem anderen Menschen zu identifizieren und diese Identifizierung wieder zurückzunehmen, also auch über „Distanzierungsfähigkeit" zu verfügen, und zwischen beiden Teilfunktionen oszillieren zu können. Viele psychoanalytische Autoren haben darauf hingewiesen, dass die Identifizierung hierbei aber nur vorübergehend, partiell, zeitlich begrenzt ist, so dass auch die Frage aufgetaucht ist, ob der Terminus „Identifizierung", der doch die Initiierung langfristiger Prozesse mit entsprechenden strukturellen Konsequenzen (wie z.B. der Entstehung neuer Repräsentanzen) bezeichnet, noch angemessen ist.

Im Grunde geht es doch nicht darum, so zu werden wie der andere, sondern darum, sich vorzustellen, wie der andere fühlt, denkt, erlebt. Diese Kapazität zu imaginieren macht es erforderlich, dass man aufgrund der Mitteilungen des Patienten eigene Gedächtniskonfigurationen entstehen lässt, um die entsprechenden Erlebnisdimensionen zu aktualisieren, im nächsten Schritt aber dazu übergeht, sie mit den spezifischen Inhalten des Patienten aufzufüllen, um so die Erlebniswelt des Patienten zu rekonstruieren und nicht die eigene in den Patienten zu projizieren. Metapsychologisch ausgedrückt, erfordert das einfühlende Sich-Vorstellen-Können und Rekonstruieren fremder Erlebnisinhalte einen vorübergehenden Besetzungsabzug von den eigenen Selbstrepräsentanzen; etwa so, dass man in die Rolle des anderen schlüpft.

---

[14] Parin, Paul: Das Mikroskop der vergleichenden Psychoanalyse und die Makrosozietät, Psyche 1976, S. 2–4.

Das gelingt einem nur, wenn man sich seiner eigenen Identität einigermaßen sicher ist. Psychoanalytisches Verstehen erfordert diesen permanenten psychischen Kraftaufwand: immer wieder von den eigenen Gefühlen absehen zu können, um die des anderen zu erfassen, und zwar nicht nur diejenigen, welche diesem ohnehin schon bewusst sind, sondern vor allem solche, die seinem Bewusstsein noch gar nicht zugänglich sind.

Ich glaube, dass dieses Hochhalten des Begriffes der „Empathie" dem heutigen politischen Klima entspringt. Damit meine ich jene „Empathie", die alles Verschleiernde, Verdunkelnde und Grenzenlosmachende dort unterstützt, wo es Konflikte und Widersprüchlichkeiten gäbe. Mit dieser Art von Empathie alleine kann man aber als Psychoanalytiker oder Psychoanalytikerin nicht arbeiten, sondern nur selber krank sein oder werden.

Welches Verlangen, welche Kraft kann jemanden dazu treiben, das Fremdpsychische verstehen zu wollen? Ist es die Kompensation eigener schmerzlicher Erfahrung, selbst nicht verstanden worden zu sein? Oder ist es eher die Erfahrung des eigenen Verstanden-worden-Seins in der eigenen Analyse oder sonst wo, das man weiter geben möchte? Ist es vielleicht eine geschickte Abwehrhaltung, um andere auf diese Weise manipulieren zu können? Helene Deutsch und Heinrich Raker haben eine konkordante und eine komplementäre Identifizierung unterschieden. Bei der konkordanten Identifizierung fühlt sich der Analytiker in den Selbstanteil seines Patienten ein, bei der komplementären in den Objektanteil.

Es sind also Anteile der Analytiker, die sich kümmern, um zu fragen, wie sich der Patient erlebt, wie er sein möchte, welche Gefühle in ihm ausgelöst werden, wenn er einer Diskrepanz gewahr wird. Welche bewussten und welche unbewussten Anteile des Selbst werden in dieser Interaktion aktualisiert? Bei der Objektdimension einer Interaktion geht es hingegen um eine Suchhaltung: Welche Bedürfnisse richtet der Patient an die anderen (Therapeut, Gruppen, Eltern, Partner usw.)?

Welches sind wiederum die unbewussten Erwartungen des Patienten und welche der Umwelt des Patienten an ihn?

Ich glaube manchmal, wenn man konsequent den Identifikationsfähigkeiten und -störungen und dem Umgang damit nachginge, sich daraus Kriterien für die

Eignung beziehungsweise Nicht-Eignung für den Beruf des Analytikers auf ganz andere Weise als mit den herkömmlichen Methoden formulieren ließe.

Vor allem in den Arbeiten „Zur Einführung des Narzißmus" (1914), „Trauer und Melancholie" (1916–17), „Der Untergang des Ödipus-Komplexes" (1924) entwickelte Freud seine Auffassung über die Identifizierung im Zusammenhang mit den Einverleibungsvorgängen bei der Melancholie, der Beschäftigung mit der Objektwahl sowie mit der Bewältigung und dem Untergang des Ödipus-Komplexes, die für die Herausbildung der kindlichen Persönlichkeit so entscheidend sind. Am bekanntesten wurde Freuds Auffassung, dass ein Kind die nicht mehr lebbare Liebesbeziehung mit einer Elternfigur dadurch zu bewältigen versucht, dass es sich unbewusst mit den für es wichtigen Eigenschaften von Mutter oder Vater identifiziert. Auf diese Weise bewahrt es die Liebesbeziehung in sich. Aber auch die Identifizierung mit den erotischen und kraftvollen Eigenschaften des mächtigen, gleichgeschlechtlichen Rivalen in der ödipalen Konstellation ist ein Anreiz für das Kind, so werden zu wollen wie der beneidete Elternteil. Die ödipale Identifizierung diente Freud ausserdem als Modell für die Entstehung des Über-Ichs. Die Abgrenzung, welche Identifizierungen das Ich bereichern und welche zur Konstitution des Über-Ichs und des Ich-Ideals beitragen, fiel Freud noch schwer.

Edith Jacobson untersucht dementsprechend entwicklungspsychologische Gesichtspunkte in der kognitiven und affektiven Reife und unterscheidet zwischen einem „primitiven Typus der Identifizierung" (dies entspricht der von anderen Autoren so genannten Introjektion, die durch eine Verschmelzung oder Kontamination von Selbst- und Objektimagines zustande kommt) und reifen, selektiven Identifizierungen, die sich intentional und auswählend auf bestimmte Aspekte eines anderen Menschen beziehen.

Einige dem Trennungs- und Individuationsansatz Mahlers nahestehende Autoren, wie z.B. Anthony und Benedeck, Blanck und Blanck, haben deshalb auch die Nützlichkeit des Konzepts der selektiven Identifizierung für die Entwicklungspsychologie betont.[15]

---

[15] Mertens, Wolfgang: Kompendium psychoanalytischer Grundbegriffe, München 1992, S. 98.

Der Vorgang der Identifikation ist innerhalb der Psychoanalyse derart exponiert, dass er nicht als ein psychischer Mechanismus unter vielen, sondern als *der* Vorgang der Konstitution des Subjekts zu verstehen ist. Zu einer umfassenden Systematisierung der vielfältigen Modalitäten der Identifizierung ist es nie gekommen, nicht zuletzt aus Gründen terminologischer Unklarheiten, unterschiedlicher Verwendung gleicher Begriffe und begrifflicher Überschneidungen, je nach der besonderen Orientierung verschiedener psychoanalytischer Schulen.

Der Begriff der Identifikation wird zur Bezeichnung einer Vorstufe einer Objektbeziehung verwendet, genauso wie für eine besondere Form von Objektbeziehung. Identifikation ist, meist Identifizierung genannt, ein Prozess der Angleichung, wie auch das durch sie zur Struktur gewordene Relikt innerhalb des Subjekts. Mit anderen Worten, Identifikation und Identifizierung werden oft gleichbedeutend gebraucht.
 Schließlich ist Identifikation auch ein Abwehrmechanismus in der Identifikation mit dem Aggressor.

Gemäß einer von Hoffmann und Trimborin vorgeschlagenen Unterscheidung soll Internalisierung als Oberbegriff verwendet werden, der die Formen der Inkorporation, Introjektion und Identifikation umfasst, die einen genetisch und qualitativ ansteigenden Differenzierungsgrad aufweisen und die mit der biologisch-psychologischen Entwicklung des Säuglings zum Kleinkind korrespondieren[16].

Inkorporation bezeichnet die sehr frühen, triebnahen und nur sehr unvollkommen abgegrenzten Internalisierungen eines frühen Ichs.

Die Introjektion setzt einen differenzierten Organismus und eine fortgeschrittene Ich-Entwicklung voraus und akzentuiert bereits den Abwehrcharakter.
 Im Unterschied dazu ist die Identifikation die reifste Form der Internalisierung, lässt beide vorhergenannten Formen noch durchscheinen, setzt aber eine sich schon

---

[16] Cremerius, J., Hoffmann, S., Trimborin, W.: Psychoanalyse, Über-Ich und soziale Schicht, München 1979.

etablierende persönliche Struktur voraus. Die Identifizierung wäre dann die Funktion der stabilen Innenverankerung ehemals externer Objektqualitäten. Dieselben Autoren schlagen verschiedene Kategorien vor:

1. Selbstbildbezogener Identifikationmodus mit dem Identifizierungsangebot „so bist du", dessen struktureller Niederschlag als Ich-Anteil (Identität, Selbstwahrnehmung) integriert wird.

2. Normative Identifikationen „so musst du sein".

3. Finaler Identifikationsmodus „so sollst du werden".

4. Operativer Identifikationsmodus „so kannst du es machen". (Funktionalität, Problemlösung)

5. Kognitiver Identifikationmodus „so kannst du es sehen".

Folgen wir bei der Beschreibung der Identifikationsprozesse zur Etablierung der intrapsychischen Struktur auch jenen Entwicklungen, die wir nicht nur in bipersonalen Systemen nachzeichnen können, gelangen wir auch zu Familieninteraktionen. Das Forschungspanorama erweitert sich und wird komplexer, aber sehr aufschlussreich für die klinische Praxis. Wir können annehmen, dass der familiäre Interaktionsprozess über „Rollenzuweisungen" organisiert wird.

Die Psychodynamik der Familie zeigt sich also in bestimmten Rollenkonfigurationen, die den Mechanismus des familiären Interaktionsprozesses repräsentieren.

Aus der Beobachtung der pathologischen Prozesse hat sich erst die Wahrnehmung dafür geschärft, dass das Verhalten von „Patienten" eine funktionelle Bedeutung für die Gesamtfamilie hat. Der Identifikation mit der Rolle kommt in diesem Zusammenhang eine entscheidende Bedeutung zu.

Erwachsene Patienten kommen in Analyse, wenn sie leiden. Ein Teil ihres Ichs tritt, wie Richard Sterba (1940) sagt, in ein therapeutisches Bündnis mit dem Analytiker ein. Dies befähigt den Patienten, den Belastungen der Analyse standzuhalten.

Viele Kinder, obwohl ernstlich gestört, leiden nicht oder doch nur gelegentlich. Eine Kinderanalyse ist deshalb besonders in der Anfangsphase nur möglich durch die Mitarbeit der Eltern. Man kann sagen, dass ein therapeutisches Bündnis mit den Eltern hergestellt werden muss, um eine Kinderanalyse beginnen zu können. Später kann das Kind selbst Partner im analytischen Prozess werden.

Jetzt, an dieser Stelle, möchte ich Ihnen von Teddy erzählen.

1. Teddy: „Wann ist es endlich so weit?"

Es ist schon speziell, sonderbar, wie es dazu gekommen ist, dass ich Ihnen von Teddy erzählen will: Ich hatte drei Ordner vor mir und musste mich entscheiden, von wem ich Ihnen heute erzählen würde. Einmal mehr empfand ich ein Unbehagen, mit der Arbeit anzufangen, also beschloss ich, zum Briefkasten zu gehen und die Post zu holen. Eine Postkarte war dabei:

„Lieber Herr Grosz: Hier bin ich nun auf Montage für das nächste halbe Jahr. Im Süden Chiles bin ich in der Nähe der Heimat meines Analytikers. Herzliche Grüße, Teddy"

Nun ja, so war es mit ihm! Also Teddy!

Es war 1969, das Jahr der Studentenbewegungen, der Plattform-Gründung, als wir uns kennen lernten. Heute würde ich vielleicht vieles anders machen – doch lassen Sie mich erzählen, wie es damals war.

Damals war Teddy 11-jährig, in einer Kinderpsychiatrischen Institution hospitalisiert, nach drei zugegebenen Selbstmordversuchen. Ein Kollege am Psychoanalytischen Seminar, damals noch an der Kirchgasse (Schweizerische Gesellschaft für Psychoanalyse) beabsichtigte, wieder nach Deutschland zurückzukehren und suchte jemanden, der bereit wäre, die Therapie zu übernehmen. Er schilderte mir kurz, dass der Junge mit ihm seit einiger Zeit nur so dasitze, die Stunden absolviere, nichts erzähle, auch manchmal geistesabwesend mit dem Finger im Sand bohre.

Er fand, dass eigentlich noch nichts geschehen sei, dass eine Psychotherapie aber unbedingt notwendig wäre, da man den Jungen doch nicht immer unter Medikamenten in der Klinik behalten könne.

Damals war es möglich, dass ein auswärtiger Therapeut in einer Institution Stunden abhielt, ohne dort angestellt zu sein. (Es gab den Status des freien Mitarbeiters.) Weiter wurde mir mitgeteilt, dass Teddy so bald als möglich wieder nach Hause, in seine Familie zurückkehren sollte. Die Eltern, vor allem die Mutter, hätten mehrmals deutlich gemacht, dass sie die Verantwortung für den Jungen selbst übernehmen wollten.

Ich fasse hier für die Darstellung die anamnestischen Daten zusammen:

Frau B., Teddys Mutter, war 1956 aus Ungarn geflohen. Sie kam über Österreich in die Schweiz. Hier suchte sie Arbeit im Gastgewerbe, da sie diesen Beruf schon in ihrer Heimat, nach Beendigung ihrer 9-jährigen Schulzeit, ausgeübt hatte. Sie fand nicht nur Arbeit, sondern lernte auch Herrn B. kennen. Er war Pächter eines Landgasthofs im Zürcher Oberland.

Das junge Paar wohnte im selben Gebäude. Später, als die Großmutter väterlicherseits Witwe wurde, wohnte diese ebenfalls dort, in einer für sie hergerichteten Estrichwohnung.

Nach einer Schwangerschaft ohne Komplikationen wurde 1957 Teddy geboren. Die starke, vitale und gut aussehende Frau B. soll damals noch die letzten Gäste verabschiedet und noch am selben Abend, nachdem sie mit der Arbeit fertig war, ihren Sohn geboren haben.

Als Teddy viereinhalbjährig war, kam seine kleine Schwester Helen zur Welt. Teddy soll sich um sie wenig bis gar nicht gekümmert haben. Als die Kleine zum Liebling der Großmutter wurde, soll die Mutter die Situation ausgeglichen haben, indem sie Teddy verwöhnte. Sie sprach auch manchmal von ihm als ihrem „Teddybären".

Frau B. war in Ungarn auf dem Land aufgewachsen. Ihre Eltern waren in der Landwirtschaft tätig. Sie hatte einen älteren und einen jüngeren Bruder, die in Ungarn geblieben waren. 1962 starben ihre beiden Eltern bei einem Unfall. Sie hatten ihre Enkelkinder, die in der Schweiz wohnten, nie kennengelernt. Frau B. reiste zur Beerdigung nach Ungarn und blieb längere Zeit bei Verwandten. Im Gespräch mit mir redete sie ununterbrochen, berichtete mir alles, beinahe wie auswendig gelernt, ohne Gefühle. Sie hatte ihre Geschichte schon an mehreren Orten erzählen müssen. Auf Fragen oder Bemerkungen ging sie kaum ein.

Herr B. war ebenfalls auf dem Land aufgewachsen, in der Innerschweiz. Sein Vater war Knecht auf einem Hof gewesen, bis er woanders ein Dorfrestaurant übernehmen konnte. Herr B. war zur Oberschule gegangen, hatte dann beim Vater gearbeitet, bis er sich selbständig machen und den Gasthof samt Restaurant pachten konnte. Er äußerte sich wenig, schien an unserem Gespräch nicht interessiert. Er betonte mehrmals, dass er sich nicht um die Erziehung der Kinder kümmere, sondern um das Geschäft.

Wir vereinbarten monatliche Gespräche, sobald Teddy wieder zu Hause sei. Solange Teddy im Spital war, sollte der Oberarzt die Eltern sehen. Allerdings wurde mir mitgeteilt, dass dies selten geschehen war. Vor allem, weil die Termine von der einen oder der anderen Seite nicht eingehalten werden konnten. Die Krankenkasse übernahm die Kosten.

Ich begegnete Teddy erstmals im Spiel-Therapiezimmer der Klinik. Der überweisende Kollege stellte uns vor, wiederholte, dass ich die Therapie nun machen würde und ging. Beide, Teddy und ich, blickten uns verlegen an. Ängstlich übernahm ich die Rolle des Gesprächsführers, erzählte, was ich wusste. Dabei merkte ich, dass mir niemand gesagt hatte, wie Teddy die Selbstmordversuche gemacht hatte. Ich verspürte Angst, diese Frage anzusprechen, nahm mir aber vor, dies nachzuholen.

Teddy war in meinen Augen ein schöner Bub. Mit schwarzen Haaren und blauen Augen schaute er mir direkt ins Gesicht, mit einer eigenen Mischung von Frechheit und Verlegenheit. Einige Sitzungen später spielte er mit einem Plastikpferd. Ich wollte wissen, ob dieses noch weiterleben werde. Teddy ließ die Figur stehen, setzte sich auf einen Stuhl und sagte zu mir, alle meinten, es seien drei Selbstmordversuche gewesen, aber das stimme nicht. Ich fragte, ob es ungerecht sei, dass er hier sein müsse. Er korrigierte mich, indem er sagte, er habe es schon andere Male versucht, nur habe es niemand gemerkt. Er erzählte auch, mit etwas Stolz in der Stimme, dass er dazu Medikamente genommen habe. Auf weitere Fragen meinerseits ging er nicht ein.

Eines Tages kam ich mit meinem selbstgeflickten Dodge beim Parkplatz an. Teddy war dort mit einem Freund. Sie musterten das Auto. Teddy lief rundherum und stieß mit dem Fuß an die Pneus und bemerkte mit Kennerblick, dass sie ziemlich abgefahren seien. Die beiden Buben wollten eine Fahrt machen, und ohne lange zu überlegen, willigte ich ein. Als Folge davon bekam ich Schwierigkeiten mit der Klinikleitung, da dies ohne ihre Erlaubnis geschehen war.

Kurz darauf, und als Folge davon, wurde Teddy nach Hause entlassen. Auch ich sollte nicht mehr in der Institution erscheinen. Teddy sollte wieder zur Schule, und die Therapie sollte ambulant weitergeführt werden. Die Psychopharmaka der Klinik wurden abgesetzt. Die Krankenkasse übernahm einstweilig die Kosten für die Therapie.

Als Teddy in die Praxis kam, befand er sehr schnell, dass die Spielsachen da nicht so gut waren, wie er sie sich vorgestellt hatte. Er meinte, bei mir seien viele Dinge nur halb gut – das Auto, meine langen Haare, die Spielsachen. Ich sprach mit ihm darüber, warum meine Sachen denn so gut sein müssten, erhielt aber darauf nie eine direkte Antwort, doch fühlte ich, dass sich eine gewisse Entwicklung anzubahnen begann. Ich sicherte ihm zu, bei mir könne er solche Bemerkungen anbringen und hoffte schon auf eine positive Übertragung.

Dann kam eine Sitzung, in der Teddy ruhig vor sich hin einen Wald zeichnete, Waldwege und am Ende eines Weges eine Waldhütte. Da die Zeichnung fast die ganze Stunde in Anspruch nahm, wurde es mir langweilig, ich stellte Fragen, die Teddy mehr oder weniger mürrisch beantwortete.

Zwei Tage später, früh am Morgen, erhielt ich einen alarmierenden Anruf von Frau B. Sie konnte Teddy nicht finden. Sie wollte am Morgen die Kinder wecken, war ins Kinderzimmer gegangen – und Teddy war nicht da. Schlagartig war der Gedanke an Selbstmord präsent! – Ich fragte, ob etwa Medikamente fehlen würden. Aus Sicherheitsgründen waren die Apothekersachen jedoch weggeschlossen worden, es fehlte also nichts. Ich riet, noch die Nachbarfamilie anzurufen, für den Fall, dass sich Teddy dort aufhalten könnte. Ansonsten sollte die Polizei benachrichtigt werden.

Ich ging dann von meiner Wohnung in die Praxis. Auf meinem unaufgeräumten Schreibtisch lagen noch die Dinge vom Vortag – auch Teddys Zeichnung mit dem Wald. Plötzlich kam mir die Idee! Ich ließ mir über den Auskunftsdienst die Nummer der Dorfpolizei geben. Ich konnte über das Telefon den Wald nicht gut genug beschreiben und fuhr deshalb zum Polizeiposten. Als ich die Zeichnung zeigte, glaubte der Beamte, die Stelle mit der Waldhütte zu kennen. Wir fuhren los. Wir fanden Teddy am Boden liegend vor, halb unter einer Holzbank. Er lag im Koma. Die herbeigerufene Ambulanz brachte ihn ins Spital.

Als ich ihn dort besuchte, trachtete ich, eine möglichst professionelle Haltung einzunehmen. Ich spürte meine Angst. Ich hatte mir vorgenommen, sehr sachlich zu bleiben. Indessen, kaum hatte Teddy mich begrüßt, als wäre nichts geschehen, platzte meine Wut aus mir heraus. Ich fühlte mich betrogen, hintergangen, ohnmächtig und entsetzlich erschrocken! Zwei Krankenschwestern schauten herein. Sie waren ruhig und gelassen. Die eine bemerkte besänftigend, dass es meinem Sohn ja schon viel besser ginge.

Wie hatte das geschehen können? – Teddy hatte Medikamente aus der Klinik gestohlen und alle auf einmal geschluckt. Er wusste selbst nicht, was es war, weil es eine Mischung verschiedener Medikamente war, die er in einer Spitalflasche gesammelt hatte. Er hatte nicht alle auf einmal, sondern nach und nach entwendet, bis er entlassen wurde. Wir standen vor einem Dilemma: Was ging in diesem Buben vor, dass er fähig war, derart raffiniert, über eine so lange Zeit hinweg, seine eigene Ermordung planen zu können? Niemand hatte etwas geahnt. In der Klinik wurde das Fehlen der Medikamente nicht registriert. Aber vor allem hatten weder der Therapeut mit Teddys Zeichnung noch die Familienangehörigen etwas gemerkt.

Ein Supervisor sprach mit mir über Gegenindikation und half mir nicht weiter.

Kollegen ermutigten mich jedoch. Sie stellten die Frage eher umgekehrt: Wenn nicht ergründen, was mit dem Jungen los war, was konnte man sonst noch machen? Den aufgeweckten, netten Bub für immer in einer Klinik behalten? Mir war zudem klar geworden, dass eine eigene, besondere Beziehung zwischen uns in irgendeiner Weise vorhanden war, denn die Zeichnung hatte er ja gemacht. Nach einigem Hin und Her wurde entschieden, dass ich die Therapie wieder stationär weiterführen soll. Doch der Chefarzt wollte dies nicht zulassen. Die Therapie sollte von einem dort arbeitenden Therapeuten übernommen werden. Unsere Arbeit wurde unterbrochen.

Nach etwa zwei Monaten erhielt ich von Frau B. eine Neuanmeldung. Teddy sollte in ein Wocheninternat, die Wochenenden aber nach Möglichkeit zu Hause verbringen. Wir begannen, an den Samstagen zu arbeiten.

Als er erstmals wieder kam, fanden wir keine Sprache. Wir sassen einander nur gegenüber. Er sagte und tat nichts. Ich versuchte immer wieder, mit allen möglichen Einfällen, mit ihm ins Gespräch zu kommen: mein Gefühlsausbruch damals, die Angst und Provokation, die er evozierte, das Spital, die Zeichnung, wie wir ihn gefunden hatten … Der geschickte Polizist, der die richtigen Schlüsse aus der Zeichnung gezogen hatte … Teddy antwortete nicht.

Später musste ich zugeben, dass es jetzt bei mir sei wie damals bei meinem Kollegen, der ihn mir überwiesen hatte: Die Therapie sei wie gelähmt, … aber nicht tot!

Nach vielen Stunden stellte Teddy die Frage, die er immer wieder stellte und die ich als Untertitel für diese Fallgeschichte verwende, und die für mich so unheimlich klang: „Wann ist es endlich so weit?"

Danach – Schweigen.

Von seiner Mutter erfahre ich, dass es gut geht. Teddy geht zur Schule, hat schnell den Anschluss an neue Kollegen gefunden. Nur bei mir herrscht dieses Unbehagen, diese Verwirrung und Unsicherheit. Sammelt er wieder Medikamente? Da er nichts sagt, stelle ich Fragen. Er verneint mit dem Kopf und fragt, wie lange es noch gehe. Ich versuche, innerlich mehr Distanz zu ihm zu gewinnen. Ich sage ihm, dass er mir unverständlich sei, wir nichts tun könnten, weder aufhören noch anfangen.

Ich sage ihm, seine Mutter habe mir berichtet, dass er kommen wolle, aber dass ich nicht wisse, wozu und dass ich diesen Stillstand erlebe als etwas, das mit dem Tod zu tun habe, wie Selbst-Mord. Ich sage ihm, wenn er mir doch nur ein Zeichen geben, etwas zeigen würde. Wenn das Reden so schwierig sei, wenn er nicht zeichnen, nichts modellieren, nichts machen könne, könnte er doch vielleicht etwas mitbringen von zu Hause, etwas als Zeichen, damit ich versuchen könnte, ihn zu verstehen.

In der Stunde darauf kommt Teddy mit einer Salatschleuder, eine, die man mit einem Hebel dreht. Er tut dies, lässt den Hebel los, bis die Schleuder mit einem spezifischen Lärm aufhört zu schwingen, dann setzt er von Neuem an.
  Nun erhalte ich ein „Zeichen". Aus dem sollte ich etwas machen können!
  Aber ich kann damit nichts anfangen. Da sitzen wir wieder einander gegenüber – und er dreht – und sie hält an … grr … Ich bringe meine Einfälle. Sie haben sicher dazu auch welche: So mit Drehen, Durch-Drehen, Schwingen, Salat, nass-trocken. Ich insistiere, dass er mir unverständlich bleibe, er es sich und mir schwierig mache, mich und wahrscheinlich auch andere auf diese Art quäle.
  Wir einigen uns, dass er mir doch etwas zu sagen hat, etwas ganz Spezielles. Niemand weiß davon, etwas von ihm noch nie Ausgesprochenes.

Die Salatschleuder wird gedreht. Was kann eine Salatschwinge hier aussagen? Vieles ist verdreht, kompliziert. Ich merke, wie meine Aggressionen immer stärker werden. Ich denke an immer schwerere Pathologien: Autismus, Katatonie …

Nach einigen Stunden habe ich mich wie damit abgefunden. Ich will nichts mehr ändern, aber mir ist schrecklich zumute. Ich fühle mich matt, überlege, wie ich aufhören könnte. Je ohnmächtiger ich mich fühle, desto wütender werde ich. Ich mache die Augen zu und stelle mir vor, wie es sich anfühlt, in der Salatschleuder zu sein, stelle mir vor, wie mein Kopf sich dreht.

Dann frage ich: „Teddy, meinst du mit der Salatschwinge das, was in deinem Kopf geschieht, dass sich alles dreht?" Jetzt schaut er mich an und wendet sich gleich wieder ab. Aber ich habe das Gefühl, etwas berührt zu haben.

„Geht es dir so mit den Medikamenten?", frage ich.

Teddy nickt, zum ersten Mal wieder; ein „Ja" von ihm!

Es stellte sich heraus, dass Teddy nicht nur Medikamente aus der Klinik entwendet hatte, sondern bei sich zu Hause Arzneien versuchte, welche die Großmutter einnahm, manchmal auch welche der anderen Familienangehörigen. Niemand merkte etwas, bis er wieder zu viel geschluckt hatte. Ich deutete, dass dieses "Klauen" von Medikamenten wohl eine ganz spezielle Beschäftigung von ihm war. Er wusste, dass dies sehr riskant war, es war ihm aber gleichgültig, was er einnahm, aber es war wichtig als Tat.

Wir sprachen über die Großmutter, die alleine und einsam in ihrer Dachwohnung hauste. Niemand mochte sie, sie war verwahrlost, es stank dort. Unglücklich beschimpfte sie alle Menschen, mit denen sie es zu tun hatte.

Trotzdem besuchte Teddy sie, es war ihm gleich, was passierte. Dort konnte er die Tabletten stehlen, die ihn so schwindlig machten.

Wozu dies alles? Weshalb musste er ständig mit dieser versteckten Angst spielen? Teddy fühlte sich genauso vernachlässigt wie die Großmutter. Er hatte viel von ihren Stimmungen aufgefangen und ihre Situation miterlebt. Er war der Überzeugung, dass die Medikamente dazu gehörten. Er spielte mit dem Gedanken, schwindlig zu werden, einzuschlafen, zu sterben. Zugleich machte ihm die Vernachlässigung, in der die Großmutter lebte, große Angst. Eine Angst, über die man in der Familie nicht sprechen durfte, denn der Kontakt der Familie zur alten Frau war voller Hass, Schuldgefühle und Angst.

Teddy ertrug die Situation schlecht. Er hatte sich gewünscht, die Großmutter möge wieder zur Familie gehören. Er wollte, dass sich etwas ändert, etwas, das er nicht ausdrücken konnte. Ich versuchte ihm zu zeigen, dass er ständig in einem Kampf lebe, den er aber still für sich alleine führte, ohne dass jemand über sein Leiden wusste; dass aber niemand ahnen könne, was er eigentlich wolle. Teddy schien manchmal etwas von dem zu verstehen, was ich ihm sagen wollte, doch unsere Gespräche waren mühsam. Er war in einer Familienstruktur aufgewachsen, in der die Kommunikation nicht über das Reden verlief. Ihre Sprache war vielmehr das Machen oder Zeigen. Diese Form der Identifikation mit dem familiären System machte mir sehr zu schaffen, denn Gefühle, Affekte konnte man doch letztlich nicht auf diese Art vermitteln. Der Vater als Schweigender, als der Desinteressierte, erschien mir als Identifikationsfigur eine entscheidende Bedeutung zu haben.

Dann kam ich auf die Idee mit dem Papiersack (Schweizer Ausdruck für Papiertüte). Ich nahm einen mit in die Stunde, bereitete ihn vor, mit einem Trichter oben, und sagte: „Stell dir vor, du wirst geärgert, bekommst nicht die Aufmerksamkeit, die du brauchst, es ergeht dir wie der Großmutter, aber du denkst, das macht nichts und klaust dafür eine Pille. Das geht dann etwa so: „Teddy, du musst den Tisch abräumen". Du denkst, also bitte ich mache es – dafür kommt eine Pille in die Flasche.

Oder: „Teddy, du musst die Aufgaben machen". Puff, Scheisse! Du machst es – aber immer wieder nimmst du was, bis es dann genug ist, und dann … Pumm! Ich glaube, so geschehen die Selbstmordversuche!"

Der Junge lachte und meinte, genau so sei es nicht, aber es habe etwas an sich. Die Idee mit dem Papiersack hatte ihm Spaß gemacht, denn wir brachten dann noch etliche Papiersäcke zum Platzen.

Zu jener Zeit erkrankte Herr B. an einer Gürtelrose. Er musste ins Spital gehen und für längere Zeit dort bleiben. Dann erhielt ich den Brief:

„Ich erkläre Ihnen hiermit schriftlich, dass ich in gegenseitiger Absprache und im gegenseitigen Einverständnis mit meiner Frau den Entschluss gefaßt habe, meinen Sohn nicht mehr zu

Ihnen zur Behandlung zu schicken. Es gibt verschiedene Gründe, die mich zu diesem Schritt bewogen haben. Ich kann Ihnen jedoch versichern, dass mir in meiner Eigenschaft als Vater sowie als Familienvorstand nur das Wohlergehen meiner Familie am Herzen liegt. Ich bedaure, Ihnen keinen anderen Bescheid geben zu können und grüße Sie …".

Ich war schrecklich enttäuscht und fühlte mich hilflos. Ich beschloss für mich, keine Kinderanalysen mehr zu machen. Es erschien mir, als ob die Behandlung just in dem Moment abgebrochen werden musste, als wir am zentralen Thema arbeiten konnten. Durch Verhandlungen mit Herrn B. erzielte ich, dass Teddy und mir für die Beendigung der Therapie zwei Monate „Kündigungszeit", also noch 16 Sitzungen eingeräumt wurden. Im Gespräch wurde anerkannt, dass ich ja schon viel mit Teddy gearbeitet und ihn gar einmal gerettet hätte.

Als Teddy wieder kam, wusste er vom väterlichen Entscheid. Aus seinen kurzen Sätzen konnte ich erahnen, dass der Brief die Folge einer Auseinandersetzung in der Familie war. Teddy hatte mit seinem „Wie lange muss ich noch gehen?" sicherlich auch etwas ausgelöst, das bereits schon im Raum stand: Die Schande für den Betrieb, dass der Sohn in eine Psychotherapie musste. Nicht nur die Polizei wusste davon, sondern auch andere hatten davon gehört. Seine Fragerei hatte zu Hause eine andere Wirkung als in der Therapie, sie wurde sofort als Widerwille aufgefasst. Unsere Suche nach deren Bedeutung war für diese Leute nicht verständlich.

Als wir so darüber sprachen, kam mir die Erinnerung an die Situation mit den Medikamenten. Wir hatten ja erfahren, dass diese Risiken, die er auf sich nahm, der Rache dienten … ohne dass er je Angst verspürte. Was würde nun die Folge dieses Abbruchs sein?

Ich beschloss, dass ein Teil der Verantwortung für diesen Abbruch nicht nur in der Psychologie der Eltern zu suchen war, sondern auch als Teil von Teddys Verantwortung und Widerständen gesehen werden musste. Wahrscheinlich waren Ängste am Werk, die in der Therapie noch nicht ansprechbar waren – mein Patient wollte ja dann immer aufhören.

Ich sagte etwa: „Teddy, du warst dir nicht sicher, ob wir mit deinen Ängsten arbeiten würden. Du hast diese alten, tiefen Ängste gar nicht mehr gespürt, sie weghaben wollen, weil du gedacht hast, dass man dir nicht helfen kann. Du glaubst nicht, dass man dabei noch etwas machen kann. Vielleicht hast du vergessen, dass du als kleiner Junge vor vielen Dingen und Sachen Angst hattest, weil du dachtest, es nie zu verstehen, es nie zu können, um es dann später doch zu schaffen. Du kannst dich doch entwickeln, auch wenn du dich heute zu schwach fühlst – und jetzt müssen wir aufhören! Es scheint mir nicht der richtige Moment dazu zu sein! Doch deine Eltern und du haben es so entschieden. Ich könnte ruhiger aufhören, und ich denke du auch, wenn wir mehr von deinen Ängsten wüssten ..."

Nun reagierte Teddy in einer Weise, die ich nicht erwartet hatte: Er zeichnete sein Schlafzimmer und das, was ihm dort widerfuhr.

Teddy: „Hier sehen Sie „Monsterspinnen", das ist blöd, denn alle sagen, dass es die nicht gibt."

Ich: „Doch, klar gibt es die, für dich."

Teddy: „Aber nicht wirklich."

Ich: „Für dich gibt es sie wirklich. Die anderen sehen die Monsterspinnen nicht. „Aber wenn sie zu dir kommen, dann gibt es sie ja ..."

Teddy: Aber es geht weiter. Die kommen ins Haus, wie ein Regiment ..."

Ich: „Kannst du die auch zeichnen?"

Teddy macht willig mit. Ich komme unter Druck, weil ich das Gefühl habe, ich müsste etwas Erlösendes sagen können, das die mächtigen Viecher zum Verschwinden bringt. Ganz schnell ...! Während er zeichnet, habe ich Zeit nachzudenken.

Ich: „Du, nun lerne ich die Monsterspinnen kennen, jetzt, wo wir doch bald aufhören werden. Vielleicht darf ich sie nur darum kennenlernen. Du wolltest doch auch immer wissen, wie lang wir Therapie machen ..."

Teddy: „Die Rache der Spinnen ist schrecklich! Wenn ich sie verrate, kommen sie noch zahlreicher."

Ich: „Aber doch auch, weil du sie blöd findest und sie nicht haben willst …"

Teddy: „Ja, ich will diese Sauviecher nicht!"

Ich: „Aber früher einmal sind sie dir eingefallen. Sie sind doch Teil von deinem eigenen Märchen, das du erfunden hast, und das niemand ausser dir kennt. Du machst so vieles versteckt, du machst doch auch deine eigenen Geschichten, Träume, Märchen."

Teddy: „Märchen nicht!"

Ich: „Also gut, Geschichten …"

Teddy: „Nein, mein eigener Film …"

Ich: „Gut, also dein eigener Film. Der hat schon etwas mit dir zu tun. Jeder Film, den jemand macht, hat etwas mit dieser Person zu tun, die ihn macht.."

Teddy: „Stimmt das?!"

Ich: „Ja, ich glaube schon …"

Teddy: „Dann geht der Film weiter. Die Chefmonsterspinne lockt den Jungen aus dem Haus – niemand merkt etwas – und dann ist der Film fertig!!"

Ich: „Aha, die schreckliche Angst ist dort, wo der Junge aus dem Haus muss! Ob ich die Chefmonsterspinne bin?"

Teddy: „Dann ist es am schlimmsten … In der Klink …"

Ich: „Im Haus ist es besser."

Teddy: „Im Haus werde ich abgeholt."

So kamen die Stunden auf uns zu, wo wir die Therapie beenden sollten.

Eines war klar und wurde von mir immer wieder betont: Die „Filme" waren die seinen, niemand würde davon erfahren, und wir würden schon sehen, wie sich das weiter entwickelte. Wir konnten dann in den Stunden darüber sprechen, ohne dass sich die Ängste steigerten.

Das Einzige, das ich ihm mitgeben konnte, war das Gefühl zu seinem eigenem Film. Ich empfahl ihm sehr eindringlich, mich anzurufen, wenn die Spinnen wieder so bedrohlich würden, um nicht wieder in eine Klinik-Situation zu kommen.

Teddy hatte die Idee, er könnte ja von Zeit zu Zeit telefonieren. Er und ich waren etwas traurig, wir sprachen kaum davon, aber es war entschieden. Der jetzt 13-Jährige schien mich trösten zu wollen, als er darüber sprach, später vielleicht noch weiterzumachen.

Ich insistierte nochmals, dass er anrufen solle, wenn wieder Gedanken an Selbstmord da seien, und ich sagte ihm, ich würde nicht glauben, dass diese verschwunden seien, so wenig wie die Monsterspinnen. Es sei ja sein Film. Ich konnte nur hoffen, dass er diese innere Welt in ihm als seine eigene erhalten konnte und etwas von der Therapie geblieben war.

Ich muss gestehen, ich konnte mir nicht vorstellen, wie das gehen sollte, und glaubte im Moment kaum an unsere Abmachung. Da es vor den Weihnachtsferien war, schlug Teddy vor, jedes Jahr um diese Jahreszeit anzurufen. Ich akzeptierte, und wir gaben uns die Hand darauf.

Es fand noch ein Elterngespräch statt. Es war ja der Abschied, und es war klar, dass Herr B. bei seinem Entschluss bleiben würde. Die Eltern teilten mir mit, dass Teddy in einem Internat die Mittelschule absolvieren würde. Die Aufnahmeprüfungen standen ihm noch bevor.

Nun könnte diese Geschichte hier ein trauriges Ende nehmen, aber es kam anders. Im Herbst, also fast ein Jahr später, telefonierte Herr B. Er erzählte, er sei selber in eine Psychotherapie gegangen. Der Therapeut habe ihm geraten, mit mir noch einmal zu reden, denn einerseits hätte ich ja Teddys Leben gerettet, anderseits sei die Therapie so abrupt abgebrochen worden ... Seine Mutter, Teddys Großmutter, war gestorben.

Ich war eben aus Argentinien zurückgekommen und hatte einiges über Gruppen- und Familiendynamik gelernt.

Um mich von der Überraschung zu erholen, sagte ich, ich sei in einer Besprechung. Ich rief später wieder an. Wir vereinbarten ein Gespräch, bei dem auch Frau B. dabei sein sollte. Ich schlug in dieser Sitzung vor, uns dreimal zu treffen, ohne Kosten ihrerseits, um wichtige Fragen zu klären. Sie bestanden darauf, dass die

Therapie mit Teddy auf keinen Fall wieder aufgenommen werden sollte. Vor allem Herr B. und ich konnten uns einigen, während Frau B. relativ wenig sagte und lediglich einwilligte, einfach mitzukommen. Die Rollen waren wie vertauscht.

Ich fasse einige Gesprächsinhalte zusammen, stichwortartig, vielleicht haben Sie auch schon manches erraten:

Der Analytiker (ich) stand da als der andere, der bessere Vater.

Frau B. erwähnte dies mehrere Male, auch zu Hause. Sie erklärte, dies sei vor allem im Kampf gegen das Trinken des Vaters gewesen. Er hatte sich provoziert gefühlt und war wütend.

Herr B. hatte das Gefühl, dass die Probleme in der Familie vor allem wegen seines Versagens als Vater begonnen hatten.

Er hätte immer wieder das Gefühl gehabt, die Familie verlassen zu müssen, weil er von allem genug hatte ..., aber er könne nicht. So erklärte er sich sein Trinken. Er war sichtlich frustriert und depressiv.

Alle Bemühungen seinerseits seien umsonst gewesen.

Frau B. erklärte, sehr oft auch dieses Gefühl zu haben. Sie habe öfters genug.

Ich: „Teddy auch, er hat es immer wieder beinahe gemacht ... da scheint eine tiefe Einigkeit in Ihrer Familie zu sein, die Lösung der Probleme im Weggehen, Aufgeben, Flüchten zu suchen."

Die Großmutter sei jetzt tot. Sie habe keine Probleme mehr.

In einer Sitzung, die sehr zögernd anfing, erklärte das Paar, dass sie etwas erklären müssten. Sie gaben sich gegenseitig das Wort, deutlich verlegen:

Frau B. erzählte dann, dass nur Helen das Kind von Herrn B. sei. 1956, als sie in die Schweiz kam, sei sie schon schwanger gewesen.

Herr B. habe sie im 7. Monat kennen gelernt. Herr B. wusste das von Anfang an, war bereit gewesen, das Kind bei der Geburt zu adoptieren.

Den Namen „Teddy" habe der Bub nicht bekommen wegen des Teddybärs sondern weil Frau B. während des Weltkrieges die Reden von Theodor Roosevelt[17] so schön gefunden habe. Sie sei in den Westen gekommen, weil sie sich eine Welt vorgestellt hatte, wie dies der amerikanische Präsident versprochen hatte. Sie war so ins Sprechen gekommen, als der Ehemann plötzlich aufstand, zur Tür ging und nur sagte: „Nein, nein." Ich fragte, was denn jetzt los sei.

Frau B. versprach, es so zu erzählen, wie es wirklich war. Teddy hatte seinen Namen nach dem seines leiblichen Vaters erhalten. Sie sei aus Ungarn geflüchtet mit einem Mann, der ihr seinen Namen nicht nennen wollte und angab, er heiße Theodor Roosevelt. Sie erinnerte sich nicht mehr so genau an ihn, aber trotzdem müsse sie doch immer wieder an ihn denken, sie kämpfe richtig, um die Gedanken abzustellen. Sie wollte diesen Mann finden ...

Herr B. wusste davon ...

Ich betonte, dass sie es gemeinsam wussten, und empfahl auch Frau B., eine Therapie aufzusuchen.

Danach habe ich das Ehepaar B. nicht wieder gesehen.

Teddy aber hielt sich an die Abmachung zu telefonieren. Zu Beginn seiner

---

[17] Theodore Roosevelt, 26. US-Präsident, 1901–1909; Roosevelt Franklin Delano, 32. US-Präsident, 1933 – 12.4.1945. Ich bin mir nicht sicher, welcher dieser beiden „Teddy" genannt wurde, möglicherweise der erstere, der aber keinen Krieg führte. Dann gab es noch einen US-Brigadier Theodor Roosevelt jr. Möglicherweise eine Kontamination von Frau B.

Internatszeit, 1971, rief er öfters an, als wollte er ausprobieren, wie das gehen könnte.

Herr und Frau B. hatten Teddy von unserem Gespräch bei mir erzählt.
Sie sprachen auch über die unklare Vaterschaft. Teddy hatte noch eine Sitzung bei mir. Danach wurden die Anrufe seltener. Jedoch immer, wenn er das Gefühl hatte, dass – wie er sagte – „der Film wieder abläuft", er Angst bekam und der Selbstmord als Lösung seiner Probleme wieder zwingend wurde, meldete er sich.

Bei einigen dieser Gelegenheiten versuchte ich auch am Telefon, darüber zu sprechen, in welchen Zusammenhängen diese Gedanken jeweils auftraten. Es war jeweils dann, wenn er sich unter Druck gesetzt oder sich sonst wie schwach fühlte (Prüfungssituationen, zu wenig Taschengeld von den Eltern, Streitigkeiten mit Kameraden usw.). Hernach entstand eine längere Pause, doch zu meinem Erstaunen telefonierte Teddy in der Woche vor den Weihnachtsferien, wie abgemacht, alle Jahre wieder.

1976 machte er seine Matur und wohnte wieder bei den Eltern. Später zog er in eine Wohngemeinschaft. In jener Zeit rief er nur an, um mir ein gutes neues Jahr zu wünschen.

Ende 1978 berichtete er mir, dass er an der ETH (Eidgenössischen Technischen Hochschule) studiere. Gemäß seinen Auskünften würde die Hochschul-Krankenkasse Analysen bezahlen. Zudem hatte er eine Arbeit in einem technischen Betrieb, die er neben dem Studium machte. Er wollte in Analyse kommen. Es wurde für mich eine eindrückliche Erfahrung.

Teddy kam und benahm sich so, als wäre er erst gestern hier gewesen und käme heute lediglich kurz vorbei, um etwas Unwichtiges abzuholen. Seine Frische als Bub hatte sich in etwas Altkluges, ja Überhebliches verwandelt. Natürlich kannte er die Couch, auf die er sich bereits in der ersten Sitzung niederließ. Er erzählte sehr frei und locker; er erinnerte mich an seine Mutter, so wie ich ihn auch schon am Telefon einige Male erlebt hatte.

Ich meinerseits hatte eher Mühe, mir vorzustellen, wie von der Kindertherapie mit meinem vielen Wissen über die Familie und den Jungen eine Analyse entstehen sollte. Ich registrierte bei mir eher eine Art Enttäuschung. Ich hatte mir einen anderen Anfang, pompöser, spektakulärer, feierlicher vorgestellt, weil es ja so bedeutsam war nach so langer Zeit.

Ich machte einen ersten Deutungsversuch, als er sehr überlegen von der ETH sprach. Assistenten und Professoren wurden beim Vornamen genannt.

Ich: „Du zeigst mir, wie gut du dich auskennst, wie gut alles geht, so dass ich das Gefühl bekomme, wir machen die Analyse, weil es so abgemacht war, und nicht, weil es etwas gibt, das du brauchst."

Auch hier erhielt ich zur Antwort, dass er so eine Aussage erwartet habe. Einige Bekannten sagen ihm, er sei ein Angeber. Ich erinnerte ihn an seine verschiedenen Strategien, alles von sich zu weisen, bis es zum Suizid komme.

Es vergingen einige Stunden, in denen wir darüber sprachen, wie er immer wieder in seinem Leben Dinge anging, als ob sich keine Probleme stellen könnten. Seine „Abbruch-Vorstellungen" blieben im Hintergrund als eine Form der konstanten Distanzierung, eine Art Schutzhaltung, die aber sehr fragil, sehr brüchig war. Eine rudimentäre Form von Sich-absetzen-wollen, sich ja nicht abhängig zu machen. Und doch holten ihn die Ängste immer wieder ein. Es stellte sich nochmals die Frage, ob wir die Analyse machen sollten.

Zu dieser Zeit besuchte er das Psychoanalytische Seminar, damals an der Tellstraße, fand jedoch die Veranstaltungen nach kurzer Zeit zu blöde. Ich versuchte ihm aufzuzeigen, dass er einerseits mit mir eine besonders gute Beziehung hatte, die er gepflegt habe, indem er mich anrief, sich mir mit seinen Gedanken anvertraute, andererseits mich jedoch auch blöde finde … und dies wiederum diene dazu, sich von den Ängsten und Schwierigkeiten zu entfernen.

Nach einigem Hin und Her gab er zu, dass er mich bei einer Freundin und bei Kollegen nachäffen würde, und alles, was ich sagen würde, könne wohl richtig sein, vielleicht aber auch nicht …

1980, die Zeit des Autonomen Jugend-Zentrums. Teddy war zu Beginn der Jugend-Bewegung dabei. Die Gedanken um die „Bewegung" wurden zum Thema.

Dann kam er drei Sitzungen nicht, unabgemeldet. Als er wieder erschien, erzählte er, dass er für sich einen viel besseren Weg gefunden habe als die veraltete Psychoanalyse: Er spritze Heroin. Das Wohlgefühl, das er dabei empfinde, könne man nicht vermitteln ... „ein Wohlgefühl, das im Bauch anfängt und einen ganz einnimmt."

Da kam sie wieder, meine große Wut!
    Ich platzte diesmal nicht heraus, sondern sagte grimmig: „In diesen Scheiss Urwald komme ich nicht mit, und sicher nicht, um dich wieder zu retten!"
    Wütend gab er mir zurück, dass er das auch nicht erwarten würde, ich hätte damals etwas vereitelt, weil der Psychoanalytiker ja so „edel" sei.
    Ich beharrte darauf, dass er von sich aus die Analyse aufgesucht hatte.
    Er wolle mich provozieren, um mich so zu zwingen, die Analyse abzubrechen, er aber sei derjenige, der die Analyse zerstöre, wenn er mit dem Heroin weiterfahre!

Mit Mühe gestand Teddy eine Phantasie, die er schon damals als Kind gehabt hatte, und an die er sich manchmal erinnerte: Nach einem Selbstmordversuch in eine andere Familie, in meine, zu kommen, um auf diese Art von seiner eigenen wegzukommen.

Die Unmöglichkeit, in meine Familie zu kommen, hatte er immer als sadistisch, abweisend und kränkend empfunden. Der Analytiker wäre zwar in seiner Vorstellung ein idealer Vater, aber zugleich sadistisch, streng und sehr bestrafend.

Nun wurde die Stimmung zwischen uns eine ganz andere. Teddy konnte mir vieles anvertrauen, mit der Zeit auch seine homosexuellen Betätigungen im Internat. Wir sprachen viel von seinen Enttäuschungen bei der Suche nach guten Kollegen.
    Die Unmöglichkeit, mit seinem Vater in Kontakt zu kommen, seine Trunksucht, die eigene Sucht, die Medikamente als Kind, das Heroin kürzlich ... Das tiefe Empfinden, dass man sich nur mit solchen Hilfsmitteln zufrieden fühlt,

Wohlbehagen empfindet. – Die Großmutter in der Estrich-Wohnung, die „habe keine Probleme". Sie lebte von ihrer Rente, und musste sich kaum um etwas sorgen. Sie wurde sehr beneidet.

Im Jugend-Zentrum lernt Teddy auch Frauen kennen. Er wird in das „Liebes- und Sexualleben" eingeführt, und es kommt zu einigen ersten Liebschaften, die alle nur kurz andauern.

Die Suche nach guten Kollegen und Freunden wird immer wichtiger, Leute, mit denen man reden kann und nicht nur ausgehen, Frauen finden.

Hierbei ist meine Funktion so etwas wie eine Beziehung mit jemandem, der Zeuge ist, der vielleicht manchmal mit irgendeiner Aussage helfen kann, aber im Grunde nicht viel zu melden hat.

Das Heroin ist kein Thema mehr. Doch die Gegenübertragung wird mit drückender Konstanz unangenehm: Ich empfinde mich immer überflüssiger, aber in einer Art, die mir das Gefühl gibt, kaum die richtigen Wörter zu finden, dumm zu sein, nicht richtig zu begreifen.

Dann erzählt Teddy einen Traum, den „Traum vom Haus": „Es ist ein großes, altes Haus. Ich bin im oberen Stock. Hier rammeln Kinder, oder vielleicht sind einige schon Männer. Ich rammle auch mit jemandem, den ich umarme, ihn unbedingt hindern will, dass er mich zu Boden werfen kann. Dann kracht der Boden. Alles fällt hinunter, doch ich bleibe oben und sehe zu, wie dort unten Krieg ist. Zum Glück bin ich nicht gefallen! Es wird geschossen! Ich sehe die Mutter, die hat sich geschickt versteckt. Ich erwache beruhigt, ihr kann nichts passieren."

Ich betone die zwei starken Figuren im Traum. Beiden geschieht nichts - er bleibt oben, und die Mutter kann sich verstecken.

Darauf sagt Teddy: „Ich bin oft wie meine Mutter, auch wenn ich es nicht sein möchte."

Wir einigen uns darauf, dass er in dem ihm bewussten Traum sehr verbunden mit der Mutter erscheint. Ich erinnere ihn an die Figur, mit der er kämpft und füge mit der Zeit hinzu, dass ich denke, dass diese Figur der Analytiker sei. Teddy korrigiert mich und sagt, er meine, es sei *die Analyse*.

Ja! Mit der Analyse ist er innig umarmt und kämpft, um nicht hinunterzufallen. Alle diese Figuren in seinem Traum sind von ihm selbst geschaffen. Ich versuche, ihm diesen Traum als ein eigenes Kunstwerk näherzubringen.

Hier erinnere ich mich an meine Gegenübertragung, die ich Teddy mitteile: einerseits das Gefühl der Gewissheit, dass wir weiter arbeiten, andererseits zugleich das Gefühl, überflüssig und dumm zu sein.

Teddy sagt spontan, dies sei doch die Beziehung, die er zur Großmutter hatte, eine, mit der er sich nur ungern befassen würde.

Auf diesem Wege gelangten wir zu einem wichtigen Kapitel von Teddys Analyse, die uns auch ermöglicht, den Teil seiner Lebensgeschichte zu rekonstruieren, der in der Familie nicht mehr präsent war.

Großmutter B. wollte vorerst nicht, dass ihr Sohn eine schwangere Ausländerin heiratet. Frau B. erreichte aber durch ihre umgängliche Art und durch ihren Fleiß im Restaurant, dass sich die Kundschaft vergrößerte. Dies fand mit der Zeit Anerkennung. Die beiden Frauen beschlossen, dass die Großmutter die Sorge und die Pflege des kleinen Babys „Teddy" übernehmen sollte. Die Mutter widmete sich dem Restaurant und dem Gasthof.

Zu dieser Zeit war die Beziehung der Großmutter zu ihrem Enkel sehr eng: Das Baby wurde nur morgens und abends gestillt, tagsüber bekam es die Flasche von der Großmutter. Bis Teddy etwa 4-jährig war, schlief er auch immer im Ehebett der Großmutter.

Mit der Geburt von Teddys Schwester Helena kam die „richtige" Enkelin! Teddy musste nicht nur das Bett räumen, die eigenartige, skurrile Großmutter wandte sich von ihm ab, so, als ob vorher keine Beziehung dagewesen wäre. In der Analyse erzählte Teddy, dass sie oft nicht einmal mehr seinen Gruß erwidert habe oder ihn manchmal streng, ja fast böse, ohne Worte angestarrt habe.

Teddy hatte Angst vor ihr, aber gleichzeitig lernte er bei ihr zu stehlen.

Immer wieder schlich er in die Dachwohnung und ließ etwas mitlaufen, oft auch, um sie zu ärgern. So kam er zu den Pillen. Zuerst waren sie nur Spielsachen, später hat er sie probiert. Die Wirkungen machten Angst, aber zugleich hielt er auf diese Art unbewusst die Beziehung zur Großmutter aufrecht.

Verlassen, voller Angst, Wut und Rachegelüsten versuchte er, ihr zu schaden, sie sollte spüren, was sie ihm angetan hatte ... und doch gefährdete er sich selber so schrecklich dabei.

Die Vorstellungen, auch vom Vater so plötzlich im Stich gelassen worden zu sein, gehörten auch zu den schrecklichen Wunden in seinem Selbst. Seinem Empfinden nach mussten diese Verletzungen ein Leben lang andauern. Der Identifikationskreis, wie ein schreckliches Karussell, wie eine Salatschleuder, ließ ihn nicht mehr los. Je mehr Teddy sich rächte, desto kränker wurde er, so schwach und hinfällig wie seine Großmutter.

Wir arbeiteten noch lange, bis seine eigene Kräfte so stabil waren, dass er sich von der „inneren Identifikationsfamilie" allmählich löste, entfernte.
Er merkte, nicht alle Beziehungen mussten gleich sein ... Wie würden wir eines Tages unsere Analysebeziehung lösen?

Einmal noch eröffnete sich ein besonders wichtiges Kapitel: Die Bedeutung, Idealisierung und Bewunderung der Toten. Musste er sterben, um einen sicheren Platz zu finden in den Vorstellungen der Anderen?!
Er war als Kleinkind am Platz des verstorbenen Großvaters, Sohn eines unbekannten Theodor Roosevelt, eines zweiten Vaters, der nicht da war, weil er trank, einer Mutter, die immer im Stress war und sich in Gedanken mit „Jemandem" beschäftigte ...
Eine Welt voller phantasierter, gedachter Objekte. Das Teilnehmen an diesen Vorstellungen ermöglichte eine narzisstische Identifikation mit seiner Umwelt. Nur so konnte er in Übereinstimmung mit seiner Familie leben.
Teddy absolvierte sein Studium an der Eidgenössischen Technischen Hochschule (ETH) mit dem Wunsch, bald weg in fremde Länder zu reisen und, wie

er sagte, „die Welt kennenzulernen, wo nicht alle gleich sind". Ich fand damals auch, dass das Weggehen ihm helfen könnte.

Er hat im Ausland geheiratet und ist jetzt Vater von einem zweijährigen Sohn.
Doch eine identifikatorische Beziehung zum „Retter-Analytiker" blieb.

Wir haben uns am Ende seiner Analyse vorstellen können, dass Teddy eines Tages bei einer Frau noch ein Kapitel Analyse machen würde, um auch die Identifikationen mit mir zu untersuchen.

BIS ROBERT FAST ERSTICKTE – ASTHMA, DER UNHÖRBARE SCHREI [18]

Der Umgang mit Eltern ist für die Technik der psychoanalytischen Kindertherapie von besonderer Komplexität und zugleich voller Bedeutung.

Wir verdanken Anna Freud in ihrem berühmten Werk „Wege und Irrwege in der Kinderentwicklung" (1965)[19] jene Beiträge, in denen sie sich am intensivsten mit den Bedingungen in der psychoanalytischen Arbeit mit Kindern befasste. Dabei setzte sie sich unter anderem mit den Unterschiedlichkeiten in Bezug auf die Arbeit mit Erwachsenen auseinander. In diesem Zusammenhang wird ersichtlich, dass keine spezifische Technik für die therapeutische Arbeit mit den Eltern entwickelt wurde. Die Empfehlung, die man dem Buch entnehmen kann, ist, dass Eltern bei vorliegenden Schwierigkeiten eben selber in Analyse gehen sollten. Dies ist eine Forderung, die in der heutigen Praxis meistens nicht erfüllt werden kann. Die Komplexität der Fragen rund um die Arbeit mit den Eltern wird im Buch jedoch deutlich: Kinder sind nicht wie Erwachsene in der Lage, ein Arbeitsbündnis einzugehen und brauchen sehr oft Schutz vor schädlichen, ungünstigen Einwirkungen, denen sie durch die Erwachsenen ausgesetzt sind. Gleichzeitig sind sie aber von den Eltern abhängig.

Mich begeisterte die Idee, zur Formulierung einer neuen Technik der Arbeit mit den Eltern einen Beitrag zu leisten. Dabei bin ich folgenden Weg gegangen:

Zuerst untersuchte ich Psychoanalysen von Erwachsenen, die selber Eltern waren. Ich machte einerseits ja selber Analysen mit Eltern und befragte andererseits Kolleginnen und Kollegen dazu. So entdeckte ich Gemeinsamkeiten, die besonders mit bewussten und unbewussten Konflikten der Eltern in unserer Kultur zusammen-

---

[18] Grosz, Pedro: in: Arbeitshefte Kinderpsychoanalyse 32, Kassel 2003, S. 41–52.

[19] Freud, A.: Normality and Pathology in Childhood. Assessments of Development, New York, 1965. Dt.: Wege und Irrwege in der Kindesentwicklung, Bern/Stuttgart 1968.

hängen. Auf diese Weise gelangte ich zur Formulierung einer *Entwicklungspsychologie der Elternschaft*, das heisst eine Entwicklungspsychologie, die der Frage nachgeht, was Kinder bei ihren Eltern auslösen.

Die daraus resultierenden Ergebnisse veranlassten mich, bei Gruppen Techniken zu suchen, die anwendbar wären, um sie dort einzusetzen, wo Kinder oder Jugendliche eine psychoanalytische Therapie brauchen und deren Eltern sich auch an einem psychoanalytischen Prozess beteiligen, ohne dafür selber in eine Behandlung zu gehen. Sie erleben auf diese Weise etwas vom Wirken der Psychoanalyse, aber hauptsächlich bezogen auf Konflikte ihrer Elternschaft.

Folgende Regeln der psychoanalytischen Technik, wie sie von Anna Freud im erwähnten Buch aufgezählt werden, leuchten mir sehr ein.

1. „Dem Patienten gegenüber nicht von der Autorität der Fachperson Gebrauch zu machen und damit soweit als möglich Suggestionswirkung aus der Behandlung auszuschalten;

2. Dem Abreagieren von Triebregungen keine therapeutische Wirkung zuzusprechen;

3. So wenig als möglich in das äußere Leben des Patienten einzugreifen, d.h. die Lebensumstände des Kindes nur zu verändern, wo es sich darum handelt, offenbar schädlichen oder traumatisierenden Einflüssen ein Ende zu machen;

4. In der Deutung von Widerstand und Übertragung und dem Bewusstmachen von unbewusstem Material die legitimen Mittel der Analyse zu sehen."[20]

---

[20] a.a.O., S. 33.

Diese Haltung begrenzt und orientiert die Ausrichtung jener Techniken, die für mich in Frage kommen.

Vielleicht ist Ihnen bekannt, dass in Südamerika, vor allem in Argentinien, sehr viele Konzepte der psychoanalytischen Gruppentechniken eine bedeutungsvolle Entwicklung erfuhren. Die Psychoanalytische Gruppentherapie, wie sie von Marie Langer und Emilio Rodrigué beschrieben wurde, und die der *„Operativen Gruppen"*, wie sie Enrique Pichon Rivière entwarf und später Armando Bauleo schilderte, sind für mich hilfreich. Die Handhabung der Deutungstechnik und des Settings bilden die entscheidenden Voraussetzungen für die Strukturierung des Gruppenprozesses.

In der *„Operativen Gruppe"* geht es um eine bestimmte Definition von „Gruppe": Sie formiert sich, um gemeinsam eine Arbeit zu tätigen, beziehungsweise eine Aufgabe zu bewältigen.

Beide Formen stützen sich auf Gruppenkonzepte, wie sie von W.R. Bion in „Experiences in Groups" 1961 publiziert wurden.

Im selben Sinn formulierte ich dann die Arbeit mit den Eltern. Ein Paar, das sich die Aufgabe gestellt hat, seine Kinder so gut wie möglich aufwachsen zu lassen, bildet eine Familie.

Wenn Psychoanalytikerinnen oder Psychoanalytiker einbezogen werden, ist die Aufgabe, gemeinsam mit den Eltern jene Bedingungen zu erarbeiten, die der Kommunikation und der psychophysischen Entwicklung aller Familienmitglieder am angemessensten erscheinen.

Der „Hauptklient" sozusagen ist das Kind. Die Eltern sind die Autorität und die Verantwortlichen für ihr Kind und können mit einem Psychoanalytiker zusammenarbeiten.

Die erste Phase der Gruppenarbeit mit den Eltern ist die der Abklärung, gleichzeitig ist dies eine Zeit der großen Abhängigkeit. Die unbewussten Phantasien werden durch starke Erwartungen geprägt. Das lästige Symptom oder jene Störungen, die das Familienklima beeinträchtigen, sollen verschwinden, und die Fachperson wird schon wissen, wie dies gemacht werden kann.

So bekommt der Analytiker mächtige, omnipotente Eigenschaften zugeschrieben, die bedeutungsvolle Ansprüche an die Handhabung der Übertragung und Gegenübertragung stellen. In dieser Zeit wird das therapeutische Setting installiert. Erst wenn dieser Prozess sich der nächsten Phase nähert, fange ich mit dem Kind an zu arbeiten.

In einer zweiten Phase, die Bion „Kampf und Flucht" nannte, werden Rivalitäten, Neid, Missgunst und Argwohn besprechbar. Der Gruppenzusammenschluss bildet sich aus Angst vor Rache und Strafe des Therapeuten und der Außenwelt. Aggressionen, Konflikte und Ängste werden zum Thema.

Die sorgfältige Bearbeitung dieser Themen ermöglicht jene Prozesse, die Bion für seine Gruppen „Paarbildung" nannte. Er beschrieb ein Gefühlsklima hoffnungsvoller Erwartung, in der sich die Gruppe zusammenschließt, weil sie gemeinsame, also identifikatorische Vorstellungen teilt.

Auf die Elterngruppe bezogen, ist es die Zeit, in der sich auf Grund der geleisteten Arbeit Symptomänderungen als möglich abzeichnen.

Im nun Folgenden möchte ich versuchen, Ihnen einige Behandlungssituationen, sehr zusammengefasst, zu schildern.

Ich werde Ihnen von der psychoanalytischen Therapie mit dem achtjährigen Robert erzählen, hauptsächlich aus der Optik der Arbeit mit den Eltern.

Für meine Darstellung habe ich ein Beispiel ausgesucht, bei dem es mir auf Grund der Indikation schien, dass es sich um ein Elternpaar handelte, das relativ gesund und kooperativ wirkte. Einerseits, um an einem klinischen Beispiel zu zeigen, wie ich mit den Eltern zu arbeiten pflege. Andererseits ist ja diese Arbeit mit Eltern mein Beitrag zum Thema der Tagung: *„Symptome im Verhältnis der Generationen"* … ich würde hinzufügen: *im Spannungsfeld der Kommunikation.*

Meiner Meinung nach ist die Funktion des Kinderanalytikers sehr oft mit der eines Übersetzers zu vergleichen, der eine Verständigung ermöglicht, dort, wo das Symptom zur Sprache wird und der Schrei der unbewussten „emotionalen Bedürftigkeiten" nicht verstanden werden kann.

Die Anmeldung erfolgte durch die Mutter. Sie erzählte schon am Telefon, dass ihr Sohn unter schwerem Asthma leide und sie sich auf Anraten des Lungenarztes vom Kinderspital Zürich anmelden möchten. Wir vereinbarten eine unverbindliche Sitzung, um uns kennen zu lernen und die Einzelheiten einer psychoanalytischen Behandlung zu besprechen. Der Vater sollte dabei sein.

Im Wartezimmer begegnete ich dann einem hübschen, angenehm wirkenden jungen Paar, beide modisch gekleidet.

Zu Anfang erzählten sie mir von der bedrückenden Situation mit Robert. Seit etwa zwei Jahren litt er unter starkem Asthma, das wegen der Vehemenz der Anfälle schon verschiedene Spitalaufenthalte zur Folge hatte. Zurzeit unseres Gesprächs war Robert im Kinderspital in einem Sauerstoffzelt, wo er sich zunehmend erholte. Der Kinderarzt hatte ihnen zugesichert, dass der Bub gut auf die Medikamente reagiere und zurzeit ausser Gefahr sei. Die Eltern erzählten, wie sehr sie unter Spannung lebten, da ihr Sohn trotz regelmäßiger und sorgfältigster Einnahme der Medikamente immer wieder dramatische Rückfälle erlitt.

Die Tatsache, dass Robert im Spital war, hatte zur Folge, dass vorerst nur die Eltern mit mir arbeiteten. Wir vereinbarten, über ihre Familiengeschichte zu reden. Diese Arbeitsweise vereinfacht mir den Prozess, mit Eltern ins Gespräch zu kommen, um mit ihnen eine Arbeitsbasis zu schaffen, bevor ich die jungen Patienten einlade, in die Praxis zu kommen.

Nach jener ersten Sitzung, in der mir die Ausgangslage geschildert wurde, vereinbarte ich mit den Eltern eine nächste Sitzung, um mit ihnen das Gespräch zu vertiefen. Wir vereinbarten, dass wir Erwachsenen uns in regelmäßigen Abständen sehen würden.

Als ich das nächste Mal ins Wartezimmer kam, saß die Mutter alleine da. Wir warteten. Ich ging immer wieder ins Wartezimmer, aber sie wartete weiterhin alleine da. Schliesslich wollte sie auch alleine in die Sitzung kommen und sagte zu mir, dass sie selbst viele Einzelheiten besser kennen und erzählen würde. Ich erwiderte, dass es für unsere Arbeit nicht gut wäre, wenn sie alleine käme. Wir hätten ja vereinbart, zu dritt zu arbeiten, und wenn ihr Mann nicht dabei sei, wären wir eine ganz andere Zusammensetzung. Zudem wäre der Mann nicht informiert, und wir müssten ihm das nächste Mal alles vermitteln, was wir besprochen hätten. Sie ging verärgert.

Ich wollte vermeiden, dass sich eine „Untergruppe" oder eine „Verschwörergruppe" bildet, die in Gruppensituationen erfahrungsgemäss Probleme schafft. Achtet man nicht auf solche Vorkommnisse, entstehen Kommunikationsschwierigkeiten, die schwer zu überwinden sind.

Eine Woche später begann die Sitzung angespannt und mit der in empörtem Ton vorgetragenen Frage der Frau, warum wir die Sitzung nicht zu zweit machen konnten. Sie hatte meine Erklärungen nicht verstanden. Ich betone, dass es nicht meine Absicht sei, sie zu beleidigen oder zu frustrieren, aber ich insistierte, dass wir beschlossen hatten, zu dritt zu arbeiten und dies auch einhalten sollten.

Der Mann erklärte, dass er im Geschäft manchmal Situationen hat, die derart sind, dass er nicht einfach gehen kann. Er war eigentlich Architekt, aber aufgrund der mangelnden Aufträge in der Rezessionszeit der Siebzigerjahre war er zurzeit in einer Versicherung angestellt.

Das Verständnis für das Gruppenkonzept fiel diesen Eltern schwer.

Die Eltern fragten: „Und was heißt da, ,dann sind wir nicht mehr die abgemachte Gruppe?'"

Ich: "Ja schauen Sie, Sie leben zu zweit. Wenn ich nicht dabei bin, findet diese Arbeit in der Gruppe auch nicht statt. Hier arbeiten wir zu dritt."

Darauf kam die Antwort: „Ja, ohne Sie gibt es diese Zusammensetzung überhaupt nicht."

Darauf ich: „Wenn es ohne mich diese Zusammensetzung nicht gibt, dann gibt es ohne Sie, den Vater, diese Arbeit auch nicht."

Er lachte und meinte: „Sie haben doch eine andere Funktion als ich ..."

Und ich: „Mir ist noch gar nicht klar, welche Funktion ich habe oder haben soll, aber unsere Gespräche möchte ich zu dritt. ... Ohne Robert wären Sie eine andere Familie."

Ich versuche, eine Arbeitsweise zu installieren. Das geht nicht ohne Autorität. Das Bestimmen des Settings ist ja nicht eine Deutung, sondern es ist das Installieren jener Bedingungen, welche die Arbeit überhaupt ermöglichen, ein Fundament.

Die Versuchung, mit der Mutter alleine zu sprechen, verspüre ich schon, bin aber der Überzeugung, dass dies der falsche Weg wäre, der jedoch all zu oft begangen wird.

Daraufhin erfolgten Stunden, in denen es um das Verständnis dessen ging, dass wir versuchten, als drei Erwachsene zusammenzuarbeiten.

In einer Situation, die mir geeignet schien, fragte ich, ob es vielleicht noch andere Gründe gebe, um sich an Sitzungen oder an Fragen, die Robert angingen, nicht zu beteiligen.

Nach einigem Hin und Her erfuhr ich durch den Vater von den „Zuständen" der Frau. Sie nannten jene Momente so, in denen ihr alles verleidet war und sie aus Überforderung starke Minderwertigkeitsgefühle bekundete. Sie erzählte, dass das Gefühl, nichts mehr zu können, ihr jede Hoffnung nähme, je eine gewöhnliche, gesunde Familie werden zu können.

Hier interveniere ich mit der Frage, ob es nicht sein könnte, dass die Zuweisung des Kinderarztes an mich etwas Kränkendes, Beleidigendes an sich habe, so dass es Minderwertigkeitsgefühle mache. Der Mann konnte dem gut zustimmen, meinte jedoch, das sei doch mit ein Grund, weshalb die Frau alleine kommen sollte, ja vielleicht für sich eine Behandlung brauche.

Von Seiten der Frau erfuhr ich hier von der Stellung, die sie innerhalb der Familie ihres Mannes hatte, in der alle Akademiker waren und sie als Einzige „nur" Malen und Zeichnen in der Kunstgewerbeschule gelernt hatte.

Der Mann betonte, wie sehr er die Begabungen seiner Frau schätze, ihr jedoch innerhalb seiner Familie nicht helfen könne und auch dann nicht, wenn sie sich extrem in Frage stelle.

Ich erfahre nun einiges aus der Zeit der Schwangerschaft mit Robert, davon, dass die Frau nicht nur keine Unterstützung in der Familie des Mannes fand, sondern auch, dass ihre eigene Mutter die voreheliche Schwangerschaft nicht tolerierte und den Kontakt mit der Tochter abbrach. Das besserte sich auch nach der Hochzeit nicht, bis zu dem Zeitpunkt, als sie die Geburtsanzeige mit der Mitteilung erhielt, dass Robert eine kleine Schwester namens Claudine bekommen habe.

Die früh verwitwete Großmutter von Robert musste ihre Tochter alleine erziehen und empfand es als eine schreckliche Nachricht, dass ihre Tochter vorehelich schwanger wurde. Von Seiten des Vaters hörte ich in diesen Sitzungen immer wieder, dass er dabei nicht helfen könne. Er hatte auch keinen Kontakt zur Schwiegermutter.

Beim Betrachten des Gruppenverlaufs wurde ersichtlich, dass der Vater nach wie vor abwesend war. Er schien eine Rolle einzunehmen, die darin bestand, dass er nur bedauerte, Mitgefühl bekundete, aber nichts von sich aus einbrachte.

Als ich das aufzeigte, erntete ich betretenes Schweigen. Später erfuhr ich, dass sich die Eheleute schon darüber unterhalten hatten, dass die Mutter auch zu mir in Analyse kommen könnte.

Ich erklärte, dass dies nicht möglich sei. Mein Klient werde Robert sein, den ich zwar noch nicht kannte. Ich hätte aber nach wie vor das Gefühl, dass der Vater nicht so recht dabei sei, und in jeder Sitzung hätte ich nachträglich das Gefühl, die Mutter würde den Sohn bringen, aber bei ihm sei ich unsicher. Dies sei für mich ein Grund, warum ich noch nicht mit Robert beginnen könne.

Eine stockende, verstimmte Atmosphäre machte sich breit. Ich hatte die Vorstellung, die Eltern könnten abbrechen. Dann folgte eine Sitzung, in der wir über heimliche Aggressionen sprachen und darüber, dass diese in allen menschlichen Verhältnissen eine gewisse Wirkung hätten. Die Sitzung endete mit meiner Bemerkung, dass das „Sich abwesend machen" auf etwas Aggressives hinweisen könnte.

Daraufhin folgte die Gruppensitzung, die mich in entsetztes Staunen versetzte! Das Paar hatte schon miteinander gesprochen. Der Mann erzählte nun, was er im Geheimen plante: Er hatte eine hohe Lebensversicherung abgeschlossen. denn er wollte sichergehen, dass seine Frau und die Kinder gut versorgt wären. Dazu gehörte auch die Phantasie, Robert und seine Mutter mir anzuvertrauen. Danach hatte er sich vorgenommen, an einer bestimmten Stelle auf der Autobahn einen Unfall zu machen. Als Architekt hatte er sich für den Selbstmord eine ganz besondere Stelle ausgesucht.

Auf einen derartigen Wunsch auszusteigen, war ich nicht gefasst. Ich war erschrocken und empört und bekam Angst. Die Frau reagierte depressiv. In jener Sitzung konnte ich nur erwirken, dass wir uns für möglichst bald einen Termin abmachten und dass der Mann versprach zu kommen.

Langsam erfuhr ich, was der Hintergrund des Ganzen war.

Der Vater hatte Geld in der Firma, der Versicherung, entwendet, mit der Vorstellung, er könnte es zurückzahlen, ohne dass es bemerkt würde. Das war ihm aber nicht möglich. Scham und Schuldgefühle breiteten sich aus, so dass auch unser Gespräch für den Moment sinnlos schien. Die Angst um Roberts Asthma war völlig in den Hintergrund getreten.

Ich sprach über den riesigen Druck und die Hilflosigkeit, in der sie sich befanden, und sagte, es sei so, als ob sie nur verängstigt reagieren könnten, mich auch anstecken würden und sich keiner in dieser Stimmung überlegen könne, ob es nicht doch einen Ausweg gäbe.

Nach einigem Hin und Her erfuhr ich, dass der Mann, als die Aufträge als Architekt noch gut waren, etwas Land im Tessin gekauft hatte. Das Problem war aber, dass er ohne eine Buchhaltungsfälschung das Geld nicht zurückzahlen konnte. Er musste seinen Kollegen und zugleich Vorgesetzten einweihen, was natürlich mit starken Hemmungen und Ängsten verbunden war. Es brauchte einige Vorbesprechungen, damit das Gespräch schliesslich möglich wurde.

Zur freudigen Überraschung reagierte der Kollege anders als befürchtet. Er hatte selber Interesse, etwas Land zu erwerben und konnte das Geschäft zu einem guten Preis tätigen. Er wollte die Schwachstellen der Buchhaltung überprüfen und beurteilen und half, eine Lösung zu finden.

Erleichterung und Entspannung machten sich breit und veränderten das Gruppenklima.

Zu der Zeit sollte Robert aus dem Spital entlassen werden.

Die Eltern und ich besprachen, auf welche Weise sie ihm die Psychotherapie vorstellen könnten und wie sie ihm erklären und beibringen würden, dass er in die Therapie kommen sollte. Gleichzeitig mussten die Eltern Aufgaben in der Betreuung von Robert übernehmen.

Ich erfuhr, dass schon viel erzählt wurde und dass der Bub neugierig auf die Therapie war.

In der Elternarbeit wurde es möglich, das Geschehen langsam zu verarbeiten und Verbindungen zwischen den Drucksituationen in der Familie und dem Gefühl des so erdrückt Werdens herzustellen, dass man nicht mehr atmen konnte. Wir sprachen intensiv darüber, wie beide Eltern unter der Last von bestimmten Situationen dazu neigten, sich nicht mehr zu helfen zu wissen, und ihre Reaktionen die Folge dieser großen Hilflosigkeit waren. Jeder versuchte, alleine mit den Dingen fertig zu werden. Die Möglichkeit, darüber zu reden, musste entdeckt und erarbeitet werden.

Robert zeigte mir immer wieder Kriege, z.B. zwischen Cowboys und Indianer oder Gauner und Polizisten. Bis ich einmal deuten konnte, dass man vor lauter Kriege nichts mehr sehen konnte, vor allem nicht, was jeder brauchte … es ging immer ums reine Überleben.

Über längere Zeit arbeiteten wir in einem guten Klima. Der Bub suchte in seinen Kriegen nach dem Sieg der „Guten" und fand es schrecklich kompliziert, herauszufinden, was das „Richtige" war. Wenn er es fand, wurde es gefeiert.

Die Erwachsenen hatten mit mir ein stabiles Arbeitsbündnis erreicht. Gleichzeitig entwickelte sich eine dankbare idealisierende Übertragung, in der es für mich langsam auffällig wurde, wie gerne sie kamen und Interpretationen entgegennahmen, ohne sie mit mir je zu diskutieren. Alles, was ich sagte, hatte Gültigkeit.

Die Beteiligung beider Eltern hatte sich sichtlich gewandelt. Oft war der Vater zuerst im Wartezimmer. Es entwickelte sich jedoch zunehmend ein Klima, in dem es für mich merklich wurde, dass diese „Gute-Schüler-Atmosphäre" einiges zu verdecken mochte, worüber wir nicht sprachen.

Roberts Betreuung zu Hause war kompliziert. Die verschiedenen Medikamente mussten in regelmäßigen Abständen verabreicht werden. Die Handhabung des Sauerstoffs konnte nicht dem Kind alleine überlassen werden.

Ich hörte die Schilderungen dieses Stresses. Und interpretierte diesen jetzt auch als einen der Gründe, der sie daran hinderte, Eigenes zu formulieren, eigene Wünsche, die vielleicht auch Konflikte aufdecken würden, in die Stunden zu bringen.

Meine Interpretationen schienen in jeder Stunde etwas zur Erleichterung beizutragen, aber da die Situation sich nicht wandelte, bekam ich langsam das Gefühl, dass meine Interpretationen nicht genügten.

Zu einer bestimmten Sitzung kamen beide Eltern nacheinander, beide angerannt. ... Der Vater sprach auch davon, dass er ausser Atem sei und beide stimmten überein, dass sie immer zu viel zu tun hätten.

Bevor aber die übliche Aufzählung der Medikamente wieder begann, sagte ich ihnen, dass sie alles Notwendige taten und richtig taten, ich jedoch das Gefühl habe, dass sie vieles unter ständiger Angst erlebten. So, wie wenn der kleinste Fehler eine Katastrophe bewirken würde.

Natürlich bekam ich als erste Antwort wieder das Schreckliche von Roberts Asthmaanfällen zu hören. Doch insistierte ich in dem Punkt, dass ich das Gefühl hätte, als würden die Ängste um Robert es nicht zulassen, dass sie als Eltern über andere Ängste sprechen könnten. Ich führte aus, dass es sich nach meiner Vorstellung um einen Druck handelte, „brav" sein zu müssen, und dass dies eher mit ihnen und vielleicht mit ihrer persönlichen Geschichte zu tun hätte.

Ich fuhr fort, bei mir käme manchmal die Vorstellung auf, dass eine noch nicht besprochene Angst oder Spannung mir gegenüber da wäre. Es sei manchmal so, als wären sie froh, wenn eine Sitzung gut beendet worden sei. Als ob sie entlastet wären, eine Prüfung bestanden hätten.

Der Vater erzählt nun eine Episode zur gefürchteten Strenge seines Vaters, also Roberts Großvater. Dieser hatte die Gewohnheit, seinen Kindern an den Sonntagen das Taschengeld für die kommende Woche zu verteilen. Eines der Kinder, es waren fünf Buben, musste eine Art Verhör über sich ergehen lassen. Dabei wollte der Großvater genau wissen, wie und wofür das Geld ausgegeben wurde. Bei alledem pflegte er auch zu fragen, ob die Geldausgabe wirklich nötig sei. Hatte man ihn überzeugt, verteilte er das Geld an alle … hatte er aber das Gefühl, dass nicht ehrlich genug Auskunft gegeben wurde, hielt er das Geld für alle zurück. Die Geschwister begannen mit der Zeit vorher zu üben, wie sie mit dem Vater reden würden. Wenn einer dran war, versuchten die anderen, das Gespräch aus sicherer Deckung zu beobachten oder zu belauschen. Lachend erzählte Roberts Vater, wie die Geschwister aus dieser sicheren Deckung mit Zeichen dem Befragten zu helfen versuchten.

Die ungeheure Unerbittlichkeit der Mutter habe ich ja bereits erwähnt.

Ich deutete nun, dass die Anweisungen der Ärzte und meine Interpretationen wahrscheinlich bei ihnen in der Tiefe ganz schnell auch solche gebieterischen Qualitäten annehmen würden. Es seien dann nicht nur Hilfen, sondern vor allem auch Regeln, die unbedingt befolgt werden müssten. Auf diese Art würde das Leben zunehmend zum Stress. Wir besprachen in vielen Sitzungen die Konsequenzen dieser Autoritätsängste.

Sie selber waren auf diese Weise ständig wie infantilisiert … wie wenn sie auf einer verborgenen, unangenehmen Ebene selber Kinder wären … immer das befolgend, was die Spezialisten sagten. Dabei mussten sie gleichzeitig gute Eltern sein.

Dieser Teil der Elternarbeit, das „in Frage stellen" von Druck, ermöglichte, dass die Zusammenarbeit nicht nur mit mir, sondern auch mit den beteiligten Ärzten viel besser wurde. Sie waren in der Lage, Hilfe und Ratschläge einzuholen, ohne abzuwarten, dass die Symptome akut wurden. Die Asthmamedikamente und vielleicht auch die Psychotherapie verschafften ihnen zunehmend Erleichterung.

Der Zustand des Patienten war von dem eines kleinen Kranken mit der Zeit zum altersentsprechenden Zustand eines Latenzkindes geworden. Er stritt mit seiner Schwester, ging zur Schule, hatte Beulen vom Spielen mit Gleichaltrigen. Zu mir kam er unterschiedlich gerne, manchmal wäre er lieber bei seinen Spielen geblieben. Wenn er aber da war, konnte ich sehr gut mit ihm arbeiten. In den Stunden ging es hauptsächlich um Wünsche und die Probleme, diese zu erfüllen.

Das Ende der Therapie schien nahe, zumindest mit den Eltern.

Die Art, wie sie sich in den Stunden unterhalten konnten und auch Sachen besprachen, die ihre Familie angingen, schien mir musterhaft. Die Eheleute diskutierten, besprachen ihre Anliegen, ich war Zeuge, und zugleich konnte ich meine Gedanken einbringen. Da wurde ich noch einmal überrascht: Es war ihnen etwas in Erinnerung gekommen, das sie mir erzählen wollten. Als Robert noch nicht zwei Jahre alt war, gab es eine Komplikation in einer neuen Schwangerschaft der Mutter: Im siebten Monat löste sich die Plazenta. Das Kind, es war auch ein Bub, verstarb. Die beiden fragten sich, ob es sein könnte, dass Robert etwas gemerkt hatte ... Gleichzeitig verneinten sie es mit der allgemein üblichen Auffassung, er sei zu klein gewesen. Ich meinte, dass man es nicht wissen könne ...

Über dieses Ereignis war in der Familie nie gesprochen worden. Die Eheleute waren der Überzeugung gewesen, das alles gehöre zur Vergangenheit, die man vergessen konnte.

Ich bemühte mich sehr, ihnen zu zeigen, dass Robert mit ihnen sprechen wollte, ... aber nicht wusste, wie ... fast erstickte ... sie mussten ja nicht alles wissen, aber sich getrauen, offen zu sein für das Gespräch, sie waren ja nicht verpflichtet, alles zu wissen.

Endlich konnte in der Familie gesprochen werden ... und geweint, geschimpft, gelacht. ... Es wurde einfach „aufrichtiger", freier zwischen den Generationen von Robert und seinen Eltern. Später beschlossen beide Eltern, in eine Psychoanalyse zu gehen.

Als wir die psychoanalytische Therapie beendeten, brauchte Robert ganz selten mehr Medikamente.

LUIS HAT SICH VERLIEBT – ALLES IST MÖGLICH! [21]

Schon bei der Einfahrt wirkten die Ruhe, die wenigen Leute merkwürdig. Dann erfuhr ich, dass ich umsonst gekommen war: Das Behandlungsteam machte mit bei einem Betriebsausflug ... und sie hatten vergessen, mir dies mitzuteilen. Frustriert ging ich in die Cafeteria, wo ich den Assistenzarzt antraf, der Dienst hatte. Nach seiner Erklärung für das Missgeschick waren wir mitten im Gespräch über die stark belegte Klinik und die Notfälle, die Aufnahme erforderten, das Sparen am Personal usw., da klingelte das Telefon. Es war die Polizei. Sie sagten, dass sie mit einem Jungen unterwegs wären. Kurz darauf waren sie auch schon da.

Ich stand am Fenster und schaute zu: Zwei korpulente Beamte in Uniform holen einen Jungen aus dem Auto. Er wollte nicht so recht mitlaufen und schaute verkrampft zu Boden. Jemand hielt ihn an der Schulter fest, und da merkte ich, dass er ja Handschellen anhatte. Das Bild war schrecklich! Ich ging ins Empfangszimmer. Die Türen wurden abgeschlossen, Pfleger und ein Assistenzarzt waren gekommen. Ein Polizist öffnete die Handschellen und entfernte sie.

Die Beamten erzählten, was sie wussten: Zu Anfang muss es eine gewöhnliche Schneeballschlacht gewesen sein. Diese artete immer mehr aus, der Junge zielte dann auch mit Eisstücken, später wurden es Steine ... Eine Scheibe im Nachbarhaus zersprang in Scherben. Erwachsene versuchten einzugreifen, aber es wurde nur noch schlimmer, bis jemand die Polizei rief. Auch als sie eintraf, war der Junge aufgebracht, schrie und tobte. Ein Beamter bekam einen Fußtritt, worauf die Polizisten beschlossen, die Handschellen zu verwenden. Ich merkte am Tonfall, dass sie es so machten, weil sie sich nicht anders zu helfen wussten.

---

[21] Pedro Grosz, in: Arbeitshefte Kinderpsychoanalyse 45, Frankfurt/M 2010, S. 13–28.

Der Bub schaute zu Boden, ganz verkrampft. Er wollte seinen Namen nicht nennen. Die Polizisten hatten ihn aber schon von den Nachbarn erfahren, ebenfalls seine Wohnadresse. Sie fügten noch hinzu, dass die Eltern informiert worden seien. Sie sollten auch so bald wie möglich kommen. Dann gingen sie.

Jemand versuchte, mit ihm ins Gespräch zu kommen, fragte nach seinem Alter. Mit heiserer Stimme sagte er „elfeinhalb", dann kam die Frage, was passiert sei. Die Antwort war Schweigen, starres und verkrampftes Zu-Boden-Schauen. Es wurde unheimlich still.

Ich war für die Supervision gekommen. Sollte ich gehen? Ich beschloss zu bleiben. Ich war ja schon irgendwie beteiligt.

Dann fing ich an, ihm zu erklären, wo er war. Als ich sagte, dass andere Kinder mit Problemen hier seien, schaute er auf und sagte „Nicht wie meine." Nach einigem Zögern wiederholte ich, dass seine Eltern bald kommen würden. Da er mich jetzt ansah, konnte ich beobachten, wie sich seine Gesichtszüge veränderten zwischen Weinen und Härte.

Es handelte sich bei meinem Gegenüber um einen auffällig schönen Jungen. Er hatte sehr lange Wimpern um die schwarzen, kecken Augen in einem Spitzbubengesicht. Seine Haut war etwas dunkler, keine übliche Färbung.

Da hörten wir einen Wagen mit einem lauten, kaputten Auspuff ankommen.

Es sind die Eltern: Eine mittelgroße Frau in engen Jeans und einer Windjacke, die nicht verbergen kann, dass die Frau dick ist. Neben ihr ein schlanker, sehr gepflegter Herr in einem hellbraunen Lederanzug. Sie kommen in den Raum. Wir stellen uns gegenseitig vor. Sie begrüßen den Jungen kaum. Bevor wir uns setzen, zieht die Mutter die Windjacke aus. Wir sehen an jedem ihrer Arme eine tätowierte Schlange, die braun und grün von der Schulter herabhängt und den Mund aufmacht, mit einer roten Zunge direkt beim Handgelenk. Sie bemerkt, dass wir schauen, und sagt kurz: „*Hells Angels,* sonst fahren wir ein Harley Davidson Motorrad, das Auto ist ja nicht viel wert."

Der Kollege erzählt den Eltern, wie ihr Sohn gebracht wurde. Beide Eltern sind sofort auf Seiten des Kindes. Vor allem die Mutter erklärt uns, dass ihr Sohn eher ein ruhiger, geduldiger, guter Schüler sei. „Luis", so heißt er, muss sehr provoziert werden, damit es so weit kommen kann. Der Vater ist der Überzeugung, die Kinder zu kennen, die andere nicht in Frieden lassen. Sie sind eindeutig gekommen, um Luis nach Hause mitzunehmen. Es wird ihnen auch klar eröffnet, dass – wenn sie die Verantwortung über das Vorgefallene übernehmen – dies auch möglich ist. Die Frage der kaputten Scheibe und der anderen Kosten wird anderweitig geregelt. Wir geben einander zum Abschied die Hand.

Mutter, Vater und Sohn gehen zum Auto. Sie sprechen zusammen.
Wir sehen sie durch das Fenster. Da kehren sie um und kommen wieder. Der Vater fragt, ob es wirklich so sei, dass die Krankenkasse einen Abklärungsaufenthalt übernehmen würde. Der Arzt bejaht dies, fügt aber hinzu, dass es nicht klar sei, was für eine Abmachung die Familie mit ihrer Krankenkasse habe.

Es folgte das Prozedere zur Aufnahme von Luis in die Klinik. Mutter und Vater erzählten, was vorgefallen war: Luis hatte einen 25-jährigen Bruder, Marco, der sein Geschlecht umwandeln ließ, nun hat er also eine Schwester: „Mariella."

Im Dorf, in dem sie wohnten, war es nicht zu verbergen. Jeder kannte jeden. Das benutzten Schulkameraden, um Luis auszulachen und zu foppen. Seine Wut konnten sich die Eltern gut erklären. Auch die anderen drei Geschwister und sie selbst hätten es gar nicht einfach in der Nachbarschaft. Doch Mariella wollte es nun einmal so, es tat ihr leid, aber es musste sein. Für den 25-jährigen Bruder war es ein langer Weg gewesen, bis er sich zur Geschlechtsumwandlung entschieden hatte. Die Familie machte ihn zusammen mit den Ärzten darauf aufmerksam, dass es für alle schwierig sein würde, aber es musste sein.

Die Geschlechtsumwandlung selber sei auch ein langer Prozess gewesen. Seit ungefähr einem Jahr ist er so gut wie abgeschlossen. Schliesslich sei es eine sehr persönliche Entscheidung, und Mariella scheint darüber froh zu sein. Beide Eltern und Luis seien überzeugt, dass es das Richtige gewesen sei. Sie nehmen teil an der Zufriedenheit der neuen Tochter.

Der Vater betreibt eine „Spenglerei" (Klempnerei). Die Leute aus der näheren Umgebung meiden ihn. Seine Kunden seien weit verstreut. Das hat viel Aufwand und Kosten zur Folge. Er muss lange Fahrten machen, die er oft nicht verrechnen kann.

Es vergingen viele Wochen. Die Abklärung erfolgte, durchgeführt von Mitarbeitern der Institution. Luis zeigte eine gute Intelligenz, Begeisterungsfähigkeit und Interesse an den verschiedenen Schulfächern. Jedoch war er überempfindlich und schnell gekränkt, schnell beleidigt und sozial bald ziemlich isoliert. Nach gewissen Pausen suchte er den Kontakt mit den anderen doch. Er verstand sich aber besser mit den Erwachsenen als mit den Gleichaltrigen.

Da erhielt ich einen Telefonanruf in meiner Praxis. Es war der Vater, der mit mir sprechen wollte, auch im Hinblick darauf, dass der Sohn die Klinik bald verlassen würde. Er wünschte Elterngespräche bei mir und erkundigte sich wegen der Krankenkasse. Ich versprach, die Situation mit der Klinik abzuklären und vereinbarte einen Telefontermin.

Danach könnten wir ein Treffen abmachen. Für die Institution war der Fall beendet, sie hatten empfohlen, psychotherapeutische Hilfe zu holen. Die Kränkbarkeit von Luis brauchte eine lange Begleitung, die Institution konnte dies nicht bieten.

Inzwischen war etwas mehr als ein halbes Jahr vergangen. Ich erwartete die Eltern, etwas gespannt darauf, ob und was sich verändert hätte. Als wir uns im Wartezimmer begegneten, schien mir die Mutter noch dicker und sehr bleich zu sein.

Wir besprachen die Situation der ersten Begegnung und vereinbarten für die nächste Zeit Sitzungstermine. Der Vater räumte ein, dass bei ihm arbeitsbedingte Veränderungen stattfinden könnten. Mir fiel auf, wie oft ich wiederholte, dass man im Kontakt bleiben würde … Sie hätten doch meine Telefonnummer.

Irgendwie interessierte mich diese Familie: die Mutter mit ihren Schlangen ... so adipös, der Vater, der sich immer so besonders gab. Jetzt kam er des Öfteren sehr parfümiert mit einem Aftershave.

In den ersten Sitzungen erfuhr ich mehr von den Herkunftsfamilien. In beiden gab es Suizide. Von diagnostizierten psychischen Erkrankungen wussten sie nichts. Dann fragte ich, wie sie einander kennen gelernt hätten: Der Vater war in Argentinien aufgewachsen. Seine Eltern waren als spezialisierte Techniker nach Patagonien gegangen, um dort in einer Fabrik Arbeiter auszubilden.

Er selber beschrieb sich als keinen guten Schüler, bis er seine Begeisterung für das Bandoneon (eine besondere Ziehharmonika, die zum Tango spielen gehört) entdeckte. Er beendete seine Spenglerausbildung und spielte in einer Gruppe mit. Diese sparte Geld und ging auf Tournee nach Europa. In Milano gaben sie ein Konzert. Bei diesem Konzert war die Mutter anwesend. Sie war mit einer Gruppe von Motorradfahrern (Harley) unterwegs. Sie erzählten lachend und schwärmend, wie sie sich die ganze Zeit ansehen mussten ... er betonte, noch nie so gespielt zu haben, und nur für sie ...

Eine seltsame Stimmung machte sich bei mir bemerkbar: Ich finde die Erzählung wunderbar. Genau so romantisch wie einer der besten Tangos, und dennoch schwingt etwas bei mir nicht mit.

Noch mehr als das. Ich bin ja selber auch aus Argentinien ... und kann mir das Leben dort, die Fabrik gut vorstellen, alles ... und doch hindert mich etwas daran mitzuschwingen. Ich könnte begeistert sein, bin es aber nicht.

Etwas entspricht mir nicht, und ich muss an meiner Bereitschaft, mit den Leuten zu arbeiten, zweifeln. Nachdem sie gegangen sind, mache ich mir ein Bild von dem, was ich erfahren habe, und bin beglückt. Aber wenn ich mich an die Erzählung erinnere, werde ich verstimmt. Beim Nachdenken habe ich den Eindruck, die Frau hätte eigentlich nur immer zugestimmt, aber nicht viel beigetragen. Ich beschließe, darauf zu achten. Verbleibe in Gedanken über eine mögliche Gegenübertragung.

In der nächsten Sitzung, als ein Anfangsschweigen entsteht, frage ich die Mutter nach ihrem Werdegang. Sie erzählt von sich als brave, fleißige Tochter, die ohne Probleme die Sekundarschule absolvierte und Chemielaborantin wurde. Ausgehen mit anderen habe sie nie geschätzt. Sie hat zwei Schwestern und ist am liebsten zu Hause geblieben, in der Familie. Bis Kollegen sie zu den Hells Angels einluden. Das war für sie ein entscheidendes Erlebnis. Dort lernte sie Kameradschaft und Kollegialität kennen, einen Zusammenhalt, den es sonst nicht gab.

Ich merkte an, dass sie nun fünf Kinder habe. Sie gibt zur Antwort – ohne spürbares Gefühl –, die seien vor allem für den Mann auf die Welt gekommen. Da ich insistiere, sagt sie dann, ja, die seien halt verschieden: machen Arbeit und Sorgen und schon auch glücklich und manchmal stolz ... sie wiederholt: „viel Arbeit."

Wir sprechen dann über die verschiedenen Kinder, auch über die Geschlechtsumwandlung von Mariella und die Schwierigkeiten, die bewirkten, dass Luis in die Klinik gebracht wurde.

Da erfahre ich, dass die Familie beschlossen hat, umzuziehen. Die Situation sei unerträglich im Dorf. Es hat alles so lange gedauert, denn es musste eine Möglichkeit zum Wohnen und für die Werkstatt gefunden werden. Dies sei nun möglich, schon im nächsten Monat (es ist ganz ausserordentlich, Familienhaus und Werkstatt so schnell zu finden!). In einer neuen Umgebung und einem Dorf, in dem man sie nicht kenne.

Mir schien der Schritt sehr angebracht, und ich konnte ihnen auch gratulieren, so schnell eine so gute Lösung gefunden zu haben. Die Elterngespräche mussten wir unterbrechen, das „Zügeln" (Umziehen) und alles neu installieren würde viel Zeit in Anspruch nehmen. Wir beschlossen, keinen weiteren Termin zu vereinbaren, sondern machten aus, dass sie sich melden würden, wenn sie die Arbeit mit mir wieder aufnehmen möchten.

Mich irritierten meine eigenen Gefühle, einerseits war ich mir fast sicher, dass sie wiederkommen würden, andererseits fand ich es schade zu unterbrechen, gleichzeitig fühlte ich eine Erleichterung, eine Pause zu haben, und gleichzeitig war da das komische Gefühl, dass sie nicht wiederkommen würden. Ich fühlte mich orientierungslos, obwohl eigentlich alles geklärt war; irgendetwas täuschte mich.

Sie meldeten sich nicht. Nach einem halben Jahr schickte ich eine Karte an die alte Adresse, die mir nie beantwortet wurde. Im Internet hatte ich schnell die neue Adresse herausgefunden. Dieselbe Karte, keine Antwort.

Zwei Jahre vergingen. Luis war inzwischen 14-jährig. Seine Mutter telefonierte. Sie wollte alleine vorbeikommen. Sie kam.

Schon der erste Anblick war nicht gut … Sie war noch viel dicker, bleicher, es machte ihr Mühe, vom Wartezimmer ins Sprechzimmer zu kommen. Ich holte einen besseren Stuhl für sie. Sie sprach von ihrer Erschöpfung, davon, nicht mehr zu können und weinte viel. Wir vereinbarten am selben Tag eine zweite Sitzung. Zur verabredeten Zeit wartete ich. Sie kam nicht. Nach ungefähr einer halben Stunde meldete sie mir weinend mit dem Mobiltelefon, dass sie die Praxis nicht finde. Ich bat sie, die Straßennamen zu lesen und da sie ganz nah war, ging ich ihr entgegen und begleitete sie in die Praxis. Wir vereinbarten für sie nach einem kurzen Gespräch, einen Aufenthalt in einer Klinik.

Nach einiger Zeit meldete sich der Vater. Er fasste den Entschluss dazu auf Veranlassung des Psychiaters seiner Frau. Doch fügte er hinzu, er habe selber auch immer kommen wollen, vorher, aber es sei einfach nicht gegangen. Ich war der Meinung, es seien sicher wichtige Gründe gewesen, die ihn daran gehindert hätten, die man ernst nehmen müsse.

Er war sichtlich überrascht über meine Haltung, hatte er doch erwartet, ich würde ihn unter Druck setzen. Wir sprachen einige Sitzungen über die Drucksituationen, die sich bei ihnen immer wieder neu konstellierten, wegen der Kinder und jetzt auch wegen seiner Frau.

Er erzählte, auch Luis, dem es so gut ging in der Ausbildung, wirke depressiv, seit die Mutter interniert sei. Währenddem ich nochmals die neue Drucksituation betonen wollte, unterbrach er mich: Er müsse mir etwas erzählen.

Er habe sich ein Leben lang Mühe gegeben, ein guter Mann für seine Frau und ein guter Vater für seine Kinder zu sein. Er habe seine Familie ganz fest lieb und würde alles für sie machen. – Dies sagte er mit Tränen in den Augen, ohne seine übliche Manieriertheit. – Er sei sehr bemüht, aufrichtig zu sein. Doch sei es so, dass er am Abend gerne ‚eine andere' wäre. Seit seiner Pubertät ziehe er sich Frauenkleider an und Schmuck, viel Schmuck. Er trage dann auch immer Perücken und Schuhe mit hohen Absätzen. Ganz früher war das nur für zu Hause, aber in Zürich und Umgebung gebe es Bars, in die er manchmal gehe. Seit einiger Zeit könne er auf dieses Ausgehen nicht mehr verzichten. Das koste natürlich auch Geld. Seine Frau kenne seine Neigung. Sie habe diese immer verändern wollen, um zu verhindern, dass er es zu seinem Schaden auslebe, und sie hoffe, irgendwann hätte er das nicht mehr nötig. Doch er brauche einfach das Besondere daran.

Ich fragte den Vater, ob er der Meinung sei, er selber brauche eine Therapie für sich. Er fand, so reden sei besser als alleine zu schweigen, aber er wisse nicht, was er an sich verändern würde. Am liebsten nichts, denn er genieße dieses doppelte Leben sehr. Aber er sei immer unter Druck. Seine Tochter Mariella würde ihm doch einiges voraushaben. Die würde ihr Frausein leben.

Ich erklärte ihm, er habe verschiedene Identitäten: die des Mannes, des Vaters, des Spenglers und dann noch die der Frau (*oder*: Er sei der Mann, der Vater, der Spengler und dann noch Frau). Dies sind vier Identitäten, die in zwei zusammengefasst werden können: männlich und weiblich. „Meine Frau auch", gab er mir plötzlich zur Antwort. Auf die Frage, wie er das meine, erzählte er mir, dass seine Frau auch gerne Mann sei. Sie ist doch Mutter und sorgt für die Familie. Aber in der Kleidung der Motorradfahrer, mit Helm und Stiefeln ... Er erzählte, wie sie manchmal Rollen wechselten, sie zum Mann, er zur Frau. Dabei hätten sie beide viel Spaß, den Identitätstausch miteinander zu teilen.

Nach einiger Zeit wurde es wieder möglich, Gespräche zu dritt zusammen mit der Mutter zu führen. Ihr ging es deutlich besser. Wir besprachen in einigen Sitzungen die Wünsche, einander in einer Beziehung zu verändern. Die Mutter war in ihrer Therapie zu der Erkenntnis gelangt, dass sie ihrem Mann so viele Kinder geschenkt hatte in der verborgenen Hoffnung, ihn als Vater und durch die Vaterschaft seine Rolle finden zu lassen und seine Identität zu vereinheitlichen, während der Vater sie aus der Gruppe der Hells Angels gewinnen wollte, sie sei doch Mutter. Sie waren sich darüber einig, dass sie beide nicht so recht wüssten, wie und was sie verändern wollten. Mit der Zusicherung, dass sie beide ihre jeweilige Psychotherapie weiter machten, vereinbarten wir Gespräche zu dritt in großen Abständen.

Luis hatte schon einige Male ausrichten lassen, dass er in die Psychotherapie kommen möchte. Er hatte damals bei seinem Abklärungsaufenthalt einen Anfang gemacht mit einem Mitarbeiter in der Klinik. Die oben erwähnten Umstände mit den Eltern und die Tatsache, dass seine Schulleistungen sehr gut waren, hatten die Empfehlungen, er solle für sich eine Psychotherapie machen, in Vergessenheit gedrängt. Auch die neue Umgebung sagte ihm viel besser zu als das Dorf, wo sie gewohnt hatten. Nach den Schilderungen seiner Eltern ging es ihm gut ... Aber es war immer klar, Luis war entschlossen, eine Psychotherapie zu machen.

Es waren drei Jahre vergangen seit der Begegnung in der Notfallabteilung. Im Wartezimmer erkenne ich ihn nicht wieder. Er ist mit bald 15 Jahren einen Kopf größer als ich. Das Gesicht hat einen leichten Bartwuchs und viel Akne. Aber die schwarzen Augen mit dem Spitzbubenausdruck und die langen Wimpern sind nach wie vor da. Mit dem, was wir aneinander sehen, fängt unsere neue Runde an.

Ich sage ihm, dass ich ihn kaum erkenne, und er sagt mir, er hätte eine Erinnerung an einen großen Mann. Wir besprechen, dass „sein Ausflippen" von damals nicht der Grund ist, warum wir uns wiedersehen.

Dann sagt er: „Sie kennen meine Familie" und schweigt. Ich kann nur das bejahen, was mir bekannt ist, vor allem durch die Gespräche mit seinen Eltern. Ich insistiere, dass in seiner Arbeit mit mir dasjenige wichtig sein werde, was er selber erlebt und zu erzählen hat. Ich ergänze das Gesagte noch mit meinem Wissen über die Geschlechtsumwandlung von Mariella und auch über die Freude seiner Eltern an der doppelten Geschlechtsidentität, was mir diese ausdrücklich erlaubt hatten anzusprechen.

Seine Ansichten, seine Sichtweise und seine Gedanken seien mir jedoch nicht bekannt, und gerade diese würden in unserer Arbeit wichtig sein. Danach breitet sich zwischen uns ein Schweigen aus. Von nun an, während vieler Stunden, wird dieses Schweigen die Atmosphäre prägen. Es ist immer wieder dasselbe: Wir begrüßen uns freundlich, reden kurz über etwas, das vielleicht in der Zeitung oder im Kino war, danach erlischt das Gespräch, trotz meiner Versuche, es in Gang zu halten. Luis ist wie nicht mehr richtig dabei, doch zeigt er mit seinem regelmäßigem Kommen und seiner Anstrengung, über etwas zu reden, dass ihn etwas hindert, das nicht aussprechbar zu sein scheint.

Ich mache viele Deutungsversuche, um die Situation zu entspannen. Einmal passiert mir, dass ich ihn beleidige, weil ich ihm deute, dass er mir zeige, wie er andere Leute provoziere. Diese wüssten dann auch nicht, woran sie seien. Luis gibt mir keine Antwort, aber sein Gesichtsausdruck verändert sich zwischen fast Weinen und sehr Hartwerden. Wir sitzen einander gegenüber, und ich bemerke es. Dann spreche ich von meiner Ungeduld und dem Willen, voran zu kommen. „Cool", bekomme ich zu hören. „Es ist doch meine Sache". Darauf ich: „Ja schon, aber du willst ja was hier."

Auf dieses kurze Intermezzo folgt wieder Schweigen.

Einige Sitzungen später sprachen wir über die Wahlen in den USA und auch von den Kandidaturen von Außenseitern. Das Gespräch ging über zu Fußball, Fußballmannschaft und Spieler, die auf der Reservebank warten ...

Hier konnte ich deuten, er hätte warten müssen bei mir, bis er dran sei. Seine Eltern seien zuerst gekommen. Luis stimmt dem zu und fügt noch bei, dass er nichts Derartiges zu erzählen habe. Ich frage, ob er etwas mit dem Geschlecht meine, und er verneint. Bei denen gebe es immer etwas zu erzählen ... seine Sachen seien alle gleich und langweilig. Als ich ihn ermuntere, mir auch die langweiligen Dinge zu erzählen, erhalte ich allmählich das Bild, dass Luis jene Rolle in der Familie zukommt, der gut ist in der Schule und jetzt auch gute Kontakte in der Nachbarschaft hat. Er geht auch mit den jüngeren Geschwistern zum Arzt und begleitet eine Schwester, als diese einen Identitätsausweis im Gemeindehaus beantragen muss. Er erzählt, dass seine Eltern schlechte Erfahrungen gemacht hätten und er solche Tätigkeiten besser mache als sie. In seiner Erzählung wirkt er manchmal etwas stolz, aber auch bedrückt. Als ich dieses Bedrückt-Sein ansprechen will, entsteht wieder Schweigen. Nun versuche ich nochmals, auf das „Schweigen" einzugehen, und erkläre Luis, dass dieses Schweigen vielleicht dann auftaucht, wenn jemand wie ich, ein Außenstehender, mit ihm über seine Familie reden möchte. Er schaut mich interessiert an und sagt, es passiere auch an anderen Orten, die nichts mit diesen Sachen zu tun hätten.

Da ich nichts von solchem „Schweigen" wusste, musste ich fragen, wo und wann er solches erlebt habe. Da erzählt mir Luis von Zuständen, in denen er nichts mehr fühlt und auch nichts mehr denkt. Das war am Anfang in den Stunden nach der Begrüßung so, aber dass es nicht mehr weitergehe, finde immer wieder statt. Er könne sich vornehmen, über etwas zu reden, aber es falle ihm dann gar nicht wieder ein.

Er denkt, dass ich denke, er müssten auch mit Geschlechtsveränderungen beschäftigt sein ... er sei männlich!

Ab jetzt eröffnete sich ein neues Kapitel mit Luis.

Er erzählte von dem Zustand, der nicht mehr „Schweigen", sondern „dass nichts mehr weitergeht" hiess. Manchmal war es erträglich, und er konnte damit umgehen, da er es wiedererkannte, manchmal aber war es für ihn selber ausserordentlich quälend. Er schimpfte dann mit sich selber, war gar nicht zimperlich mit Beleidigungen, die er sich selber sagte, aber dies sei noch immer besser, als sich halb tot zu spüren. Das sei schon seit sehr Langem so, und er habe gedacht, dass er sich mit dem werde abfinden müssen.

Ich vertrat die Meinung, dass Schimpfen nichts nützt, ganz im Gegenteil, das mache es nur noch schlimmer. Luis fragt, was ich ihm denn vorschlage, und ich erfinde für ihn eine Art „Waffenstillstand". Es ist ärgerlich, und wir versuchen zu herauszufinden, wo und wann es vorkommt. Es trifft ihn sehr, wenn er in verschiedenen Schulfächern nicht mehr zu antworten weiß. Dabei wird deutlich, dass es zum Beispiel um Prüfungssituationen geht, in denen er sich unter Druck fühlt.

Es kommt die Frage auf, wie sehr die therapeutische Beziehung zu mir ihn auch unter Druck setzt. Er sagt, er wisse nicht, wann ich etwas wirklich nicht weiß über ihn und wann es Technik sei, einfach um ihn auszufragen. Wir gehen auf die verschiedenen Stimmungen ein und auf die Frage, ob er merke, wie die Fragen gestellt werden. Luis wiederholt, dass er in solchen Momenten nichts fühlen kann. Scheinbar haben wir eine Patt-Situation erreicht. Wie kann das Gespräch zwischen uns weitergehen, wenn auch die Beziehung, die wir haben, in Frage gestellt wird? Er folgt wie eine Marionette, sagt auch Gedanken und Dinge, von denen er annimmt, dass ich diese erwarte.

Ich probiere wiederholte Male ihm klar zu machen, dass ich ihn als Gegenüber brauche. Jemand, der mit mir sucht und denkt.

Ich verzichte auf Interpretationen.

Wenn ich darüber wie in Gedanken spreche, beteiligt sich Luis. Wir verweilen bei allen möglichen misstrauischen Vorstellungen, die ich erfinde, und sehen, dass das, was sich zwischen uns ereignet, eine Art Grundeinstellung darstellt, die den Jungen immer begleitet. Jeder kann so tun, als ob ... er Verständnis aufbringen würde und es in Wirklichkeit nicht haben, jeder kann sehr offen reden und doch immer am Qualifizieren sein ... jeder kann eigene versteckte Absichten haben ... Während wir so aufzählen, wird für mich die Stimmung in den Sitzungen sehr schwierig. Ich habe jedoch für mich entschieden, keinen Schritt vorauszueilen, sondern diese Entwicklung mit Luis weiterzuverfolgen.

Langsam wird es immer deutlicher, dass diese misstrauischen Gedanken in ihm so sehr und überall ihren Platz haben, mit den Geschwistern, den Eltern, überall. Luis weiß immer, was sein könnte und was man verbergen würde, um es dann gegen ihn zu verwenden. Dann deute ich ihm, dass sein Schweigen wohl darin bestehe, den anderen ja nicht zu zeigen, was er denke, seine Gedanken ja nicht erraten zu lassen. Luis ist der festen Überzeugung, dass es nur Gedanken sind und diese überhaupt nichts mit Gefühlen oder Stimmungen zu tun haben. Er bleibt weiter ganz „cool" und sagt, dass jeder solche Gedanken habe, wie er sie hat. „Jeder kann jedem in den Rücken fallen."

Also entwerfen wir ein Bild, in dem alle Menschen miteinander extrem misstrauische Beziehungen haben.

Als ich erwähne, dass er zu Hause so hilfsbereit sei, gibt er mir zur Antwort: „Damit sie mich in Ruhe lassen", fügt aber hinzu: „Alles, was ich mache, genügt nicht, etwas ‚Ungutes' bleibt immer."

Ich insistiere: „Du meinst, das ist Tatsache, und du hast keine Gefühle dabei?"

Luis: „Nein, ich denke, die (die Familie und das nähere Umfeld) wollen halt, dass ich mich so gebe, wie die Leute es gerne hätten, und für die Familie den Schein wahre, aber das ist nicht meine Sache", und schweigt. Da versuchte ich, den Weg zu gehen, er könnte sich ja vorstellen, wie es wäre, wenn er antworten würde.

Luis: "Nein, nein, so was mache ich schon lange nicht mehr!"

Ich: „Ich kann mir vorstellen, dass du das früher probiert hast."

Luis: „Tja, das machen kleine Kinder."

Ich: „Damals bei der Schneeballschlacht bist du ja ausgerastet, mit sehr vielen Gefühlen."

Luis: „Was nützt das?"

Ich: „Habe nicht gemeint, dass es etwas nützt ..."

Luis: „Sie wollen doch über meine Gefühle reden, dann geben sie doch das endlich zu, dass es Ihr Anliegen ist. Nicht meines!"

Ich: „Ja, die fehlen ... mir, und um mit dir zu arbeiten, und dir selbst, damit du vieles besser verstehst."

Luis: „Also soll es etwas nützen. Warum sagen Sie das nicht so?"

Ich: „Es soll dich nicht unter Druck setzen."

Luis: „Das bin ich sowieso! Braucht es Gefühle, ja oder nein?"

Ich: „Oh ja, es braucht sie! Aber solche, die du bei dir selbst akzeptieren und anerkennen kannst!"

Luis: „Sind Sie gegen cool sein?"

Ich: „Ja!"

Luis: „Hätten Sie von Anfang an sagen können! Dann wäre ich vielleicht gar nicht in die Therapie gekommen, oder hätte da nicht mitgemacht ..."

Ich: „Da machst du dir was vor! Du lebst ja wie mit angezogener Handbremse!"

Luis: „He! Ich gehe jetzt dann ..."

Ich: „Ich finde das gut, wie wir diskutieren. Warum davonlaufen? Laut und deutlich, aber es ist einiges unklar ... es geht um Klarstellungen, aber auch um vieles mehr!

Ist es möglich, dass du aufgehört hast, deine Gefühle zu spüren und wahrzunehmen nach der Klinik?"

Luis: „Dort hat es andere gehabt, die sagten: Cool Mann!"

Ich: „Die können dir doch gleich sein!"

Ich: „Ja, das sagen noch viele ... aber du lebst danach ..."

Luis: „Sonst ... würde es immer etwas geben ..." (macht eine Faust).

Ich: „Cool oder ausrasten ... bremsen oder drauflos ..., das kann nicht gut gehen!"

Luis: „Keine Erziehung, ... das kenne ich schon!"

Ich: „Das ist nicht ‚keine Erziehung'. Ich denke, dass ein Auto nicht nur Gaspedal und Bremse hat, sondern auch ein Steuerrad!"

In der folgenden Zeit wird dieses „Steuerrad" uns viel beschäftigen. Luis kann nur über sich selber nachdenken, wenn er sich selber beleidigt. Er kennt keine Innenwelt, in der Probleme mit sich ausgemacht werden. Sobald Emotionen bei ihm auftauchen könnten, wird er verunsichert. Er versucht instinktiv, eine Situation herzustellen, von der er sagt, „Ruhe vor sich" zu haben. Nach der Diskussion, die ich wiedergegeben habe, ist es ihm nun bewusst, dass die Psychotherapie mit ihm auf der Suche ist nach einer Stabilität, in der er auch Emotionen zulassen kann. Öfters ist die absolute Bremse, die er braucht, erklärbar durch Vorkommnisse, die er nicht anders beantworten kann als mit starken Gefühlen.

Seine Rolle als Helfer der Familie wird von ihm als sehr belastend empfunden. Doch ist er nicht in der Lage, Gefühle zu ertragen, gerade dann, wenn er sich von den Anforderungen distanzieren möchte. Erkenntnisse, die er in seiner Therapie für sich erarbeitet, teilt er sehr schnell mit seinen jüngeren Geschwistern. Wie wenn er bei denen ausprobieren möchte, wie das wäre, wenn man seine eigenen Gefühle spüren und mit denen etwas entscheiden würde.

In dieser Zeit entdeckt er auch die Welt seiner Träume und seiner Phantasien. Es wird wichtig, ihm zu zeigen, dass er selber etwas geträumt oder gedacht hat und niemand anderes. Diese Innenwelt ist für Luis auch wieder losgelöst von seinen Gefühlen ... Er meint ganz einfach, keine zu haben. Er staunt, als die scheinbaren Kriminalromane seiner Träume irgendwie eine Verbindung zu seinem Alltag oder zu seiner Therapie haben.

Zum Beispiel träumte er:

> *„Die Raumstation wurde von der Erde gelenkt. Alle Insassen mussten schwere Raumanzüge anziehen. Das war sehr lästig! Sie sollten schützen, wenn man in die andere Zone kam. Aber es war ein Idiot dabei, der wollte alle Raumanzüge kaputtmachen."*

Er selber schaut sich das an und muss dabei lachen. Dann erwacht er.
    Ich: „Die Raumanzüge waren da wichtig ... sie werden kaputt gemacht."
    Luis: „Ich bin aufgewacht ..."
    Ich: „So hat der Traum aufgehört ..."
    Luis: „Sie meinen, es ist wieder eins zu viel ..." (Schweizerdeutsch für übertrieben)
    Ich: „Es ist dein Traum, du merkst es selbst ..."

Da wir uns einfach einigen können, lassen wir den Traum sein.

Im Lauf der Stunde erzählte Luis vom Aufsatz, den er in der Schule schreiben sollte. Der Titel lautete: „Mein liebster Ort zu Hause." Da konnten wir darüber reden, dass für ihn ein solcher Titel unangenehm sei. Aber dass sein Traum ihn warnt und hilft, eine für seine Situation geeignete Form zu finden für den Aufsatz. Wenn es gelingt, Distanz zu halten, dann kann er cool bleiben, dann kann er darüber lachen.

Luis lernt diese „Warnungen", die ihm seine Gefühle vermitteln, zu schätzen, und diese verändern seine Art. Er wird offener. Spricht mit anderen und bespricht in der Therapie sein Misstrauen ...

Als er mit sehr guten Noten die 3. Mittelschulklasse besteht, hilft ihm sein Klassenlehrer, ein Gymnasium in den Bergen, weit weg von Zürich, zu besuchen.

An dieser Stelle möchte ich Sie auf theoretisch-technische Gedanken aufmerksam machen:

Seit 1939 haben sich aus den Anpassungsleistungen des Ichs zwei ganz verschiedene Verwendungen des Begriffs „Anpassung" in der Psychoanalyse entwickelt.

Anpassung meint erstens einen Gesichtspunkt, unter dem jedes psychische Phänomen betrachtet werden kann. Wie es genetisch (aus seiner Entstehung), strukturell (nach seiner Zuordnung zu einer Struktur des psychischen Apparats) usw. zu erklären ist. (Der anpassungsmäßige Gesichtspunkt gilt selbstverständlich auch für Mechanismen, die sich im Ich etablieren.) Zweitens meint man mit Anpassung einen ganz bestimmten Prozess und sein Ergebnis. Es handelt sich um kultur- und schichtspezifische Modi der Bewältigung von Anforderungen der sozialen Umwelt. Realitätsgerecht eingespielt, entlasten und stabilisieren sie das Ich, schränken aber seine Flexibilität ein, wenn es gilt, rasch sich ändernden sozialen Gegebenheiten Rechnung zu tragen.

Während Abwehrmechanismen sich im Ich etabliert haben, um unerwünschte oder störende Triebregungen, Wünsche oder Affekte zu verdrängen, haben die Anpassungsmechanismen das Ziel, mit eingreifenden Einflüssen der sozialen Umwelt fertig zu werden.

Das Ich hat in der psychoanalytischen Auffassung die Aufgabe, zwischen psychischer Innen- und Außenwelt zu vermitteln, der es seine Entstehung verdankt und die seine wichtigsten Funktionen bestimmt.

Wenn wir bei der Deutungsarbeit von Anpassungsleistungen des Klienten an ihm unbekannte (also im deskriptiven Sinn unbewusste) gesellschaftliche und familiäre Einflüsse ausgehen (analog zu der Art, wie man einen Widerstand deutet), kommt es häufig zu einer Änderung der Beziehung zum Analytiker, z.B. zu einer Milderung des Übertragungswiderstandes oder zu einem Wechsel in der übertragenen Rolle. (Sandler 1974, unterscheidet deutlich zwischen der auf den Analytiker übertragenen Gefühlseinstellung und der Rolle, die das Kind einem Elternteil zuschrieb, die ebenfalls übertragen werden kann.)

Der Mensch ist nicht Meister im sozialen Haus, sondern gehorcht unwillkürlich den Imperativen sozialer Anforderungen. Soll die Psychoanalyse dazu beitragen, dass drückende Sozialverhältnisse verändert werden, muss sie den Individuen helfen, die Automatik unbewusst wirkender Anpassungsmechanismen bewusst zu machen und zu bearbeiten.

Ich sehe Luis noch. Er kommt vor und nach den Ferien, ungefähr alle drei Monate, für eine Stunde. Die Abstände der Sitzungen sind sehr groß. Das letzte Mal erzählte er, dass er verliebt sei in „Laila". Sie würden zusammen ausgehen. Sie kommt aus dem gleichen Dorf, in dem auch seine Schule ist.

GEDANKEN ZUR GEGENWART UND ZUKUNFT DER KINDERPSYCHOANALYSE [22]

Danke für die Einladung zu diesem Symposium mit den Titel: „Was treibt die Kinderpsychoanalyse?" „Treibt" hat ja etwas mit „Trieb" zu tun. Für Psychoanalytiker ein geläufiger Begriff! Es macht Gedanken, Konzepte, ja sogar Weltverständnisse interessant, verführerisch, vielfältig.

Ich möchte mich ganz herzlich bei den Organisatoren des Symposiums für die Einladung bedanken.

Als mir bekannt wurde, dass eine Gruppe junger Kollegen unseres Seminars die „Arbeitsgruppe für Kinderpsychoanalyse" gegründet hatte, reagierte ich skeptisch. Ich fragte: Wieso brauchen die eine extra Gruppierung? Zudem gründeten sie einen Verein, eine Institutionalisierungsform – also, die hierarchischer strukturiert ist als das Seminar. Ist das eine Form der institutionellen Abspaltung? Wieso diese Insistenz, die Kinderpsychoanalyse ausserhalb der übrigen psychoanalytischen Institution zu anzusiedeln? Ereignet sich etwas Ähnliches an unserem Psychoanalytischen Seminar Zürich „PSZ", wie in der Internationalen Psychoanalytischen Vereinigung? Dort hat man ja auch eine extra Organisation gegründet für die Arbeit mit Kindern.

Dies geschah dort, wie Sie wahrscheinlich wissen, nicht aus wissenschaftlichen Gründen, sondern wegen institutions-politischen Streitigkeiten. Es ging dabei um die Anerkennung der Vorbildung bei renommierten Psychoanalytikern, wie Anna Freud, die selber nicht Ärztin, sondern Kindergärtnerin war.

Persönlich vertrete ich die Auffassung, dass die Kinderpsychoanalyse in der Psycho-

---

[22] Pedro Grosz, in: Arbeitshefte Kinderpsychoanalyse 16, Kassel 1992, S. 13–24.

analytischen Institution bleiben soll. Ich stelle mir auch vor, dass ein Rahmen wie derjenige unseres Seminars eine solche institutionelle Unterscheidung eigentlich überflüssig macht. Nun heißt der Verein „Arbeitsgruppe Kinderpsychoanalyse am PSZ".

Vielleicht habe ich doch etwas Wesentliches übersehen, das diese institutionelle Erweiterung erforderlich macht. Eine Abgrenzung kann ja auch Ergänzung sein. Eine Tagung für Kinderpsychoanalyse, wie die heutige, hat das Seminar noch nie organisiert. Was könnte diese Gründung hier und heute für die Ausbildung am PSZ bedeuten?

In den Anfängen der Psychoanalyse ging es den Analytikern vor allem darum, die Ähnlichkeit der Kinder- und Erwachsenenanalyse zu betonen. Alle Bestrebungen gingen dahin, in der Psychoanalytischen Vereinigung zu bleiben und den Beweis zu erbringen, dass die Kinderpsychoanalyse nichts anderes als Psychoanalyse ist. Neurosenlehre, Metapsychologie, Gesellschaftstheorie und Geschichte der Psychoanalyse gehören zum „Rüstzeug" jedes Psychoanalytikers, ob er nun mit Erwachsenen und mit Kindern arbeitet.

In der Technik und der Theorie der Technik besteht der Unterschied. Anna Freud fasst die Unterscheidungen zwischen Erwachsenen- und Kinderanalyse in ihrem Buch „Wege und Irrwege in der Kindesentwicklung" wie folgt zusammen:

> „Von der Theorie der Therapie aus gesehen bedeutet der Unterschied nicht mehr als die logische Folge zwischen reifer und unreifer Persönlichkeitsstruktur und zwischen den äußeren Lebensbedingungen in Kindheit und Erwachsenheit".

Sie fährt weiter unten fort mit der Definition der Kinderpersönlichkeit:

> „Wir vermissen beim Kind die Krankheitseinsicht, die zum Wunsch nach Herstellung und zum therapeutischen Bündnis mit dem Analytiker führt; wir

finden nur zu oft, dass das kindliche Ich für die Widerstände Partei nimmt, anstatt sie zu bekämpfen".

Ist dies eine Aussage, die wir nur für die Kindheit anwenden können? Ich glaube nicht. Denken Sie an Süchtige, an Charakterneurosen, an Borderline-Störungen, usw. Es gibt eine Reihe von Zustandsbildern, bei denen der Klient vorerst nicht gegen seine Widerstände angeht. Die Psychoanalyse erweitert ja seit ihrem Entstehen ihr Indikationsfeld auf diese Erkrankungen. Ich bin der Meinung, dass fundierte Kenntnisse der Entwicklungspsychologie und die Fähigkeit, auf den verschiedenen Stufen oder Ebenen derselben zu kommunizieren, die Sprache zu verstehen und die Denkweise in den verschiedenen Zeiten der Entwicklung zu kennen, zum unerlässlichen Instrumentarium und deshalb zur Ausbildung aller Psychoanalytiker gehören. Ich will hier den Ausdruck „unreif" auch verstehen als eine Störung der psychischen Entwicklung, die früh anzusetzen ist, und will hier nicht auf die ideologische Diskussion dieses Begriffes eingehen. Kenntnisse der ganz tiefen, frühen Schichten der psychischen Entwicklung sind heute im Mittelpunkt der Forschung und Diskussion.

Dass frühere Störungen also einen anderen Rahmen benötigen als jene sogenannten klassisch psychoanalytischen, scheint allen Autoren einzuleuchten, die sich mit der Materie befassen. Anna Freud fährt fort und sagt:

> „Wir haben es als Regel hinzunehmen, dass Beginn, Aufrechterhaltung und Vollendung der Behandlung nicht die eigene Verantwortung des Patienten, sondern die seiner Umwelt sind."

Auch hier könnte man argumentieren, dass bei schweren Störungen – fast immer in der Psychiatrie – auch mit der Umwelt gearbeitet werden muss. Nur gibt es in der Kindheit ganz spezifische Bedingungen, die nicht mit ähnlichen Situationen verglichen werden können. Bei jeder Begegnung zwischen Kindern und Erwachsenen treffen zwei ungleiche Partner aufeinander. Dass Analytiker Kinder gewinnen wollen, ist selbstverständlich. Dass gelungene Interpretationen eine andere Art von Verständigung erzeugen. Diese wirkt in der Beziehung KindAnalytiker.

Öfter wird dies vergessen, zugunsten von Spielsachen, Esswaren usw. Und zwar geht es hier nicht nur um die Unterstützung und Hilfe bei der Durchführung der Behandlung oder um die Bewältigung von Konflikten, sondern auch um die Einsicht, dass im Psychischen Kräfte vorhanden sind, die auf die Herstellung eines psychischen Gleichgewichts ausgerichtet sind und dass die analytischen Erfolge im Grunde der Freilegung dieser spontanen Strebungen zu verdanken sind.

Sigmund Freud wusste, dass man diese positiven Gefühle mobilisieren muss, um die Widerstände des Analysanden zu überwinden. Er sprach dann auch, je nach der emotionalen Beziehung in der Analyse, von positiver und negativer Übertragung. Freud beschrieb ja auch die positive Übertragung als die Anerkennung der Autorität des Analytikers in der Mittlerrolle als Elternersatz. Der Behandlung von Erwachsenen kommen diese Kräfte zugute, vor allem in Momenten der Regression und in den rekonstruktiven Interpretationen, wo es darum geht, mit dem Klienten zu verstehen, wie und was ihn wohl in der Kindheit so geprägt hat.

In der Kindheit steht meistens der Drang nach schneller, sofortiger Triebbefriedigung im Vordergrund. Wichtig ist der Hunger nach Erlebnissen, nach Erfahrungen mit neuen Objekten; auch der Analytiker wird zum neuen Objekt. Oft nehmen Kinder eher das „Kranksein" in Kauf, um der Anpassung an eine Unlust betonte Außenwelt auszuweichen oder gar zu widerstehen. Sie signalisieren, zeigen auf, wenn für sie Wesentliches nicht stimmt, unter Umständen mit bleibenden Symptomen, die eine Behandlung erforderlich machen. Manchmal geraten sie in unglaublich zerstörerische Konflikte, manchmal müssen sie ohnmächtig weichen oder sich unterwerfen. Die Technik der Kinderpsychoanalytiker und -analytikerinnen besteht zu einem großen Teil darin, mit diesen Kindern in Kontakt zu kommen, eine Ebene der Kommunikation zu finden, die ihrer Entwicklung entspricht. Es sind dann Kinder, für die der Kontakt mit einem neuen Erwachsenen ausserordentlich bedeutsam wird. Auf diesem Weg wird der Behandelnde nicht nur zum Erkenner intrapsychischer Konflikte, sondern auch zum möglichen Vermittler zwischen Innen- und Außenwelt, zwischen Kind und Umwelt, und zwar jeder mit seinen psychischen Dispositionen. Auch wird er zu „dem" Erwachsenen, der öfter Bescheid weiß. Der Analytiker muss sich bewusst sein, dass er mit dem Kind eine

Beziehung eingeht während einer Zeit, in der die Persönlichkeit des Kindes geprägt wird.

Entsprechend der Grundregel für den Patienten stellte Sigmund Freud auch eine Grundregel für den Analytiker auf. Er zeigte, dass das Verständnis des Analytikers, das ihm aus der „freischwebenden Aufmerksamkeit" erwächst, nur so weit reichen kann, wie es ihm seine eigenen Komplexe und Widerstände gestatten. In diesem Zusammenhang wies Freud nachdrücklich auf die Bedeutung der Gegenübertragung und die Notwendigkeit der eigenen Analyse hin. Insbesondere machte er auch auf die Gefahren aufmerksam, die der Ehrgeiz zu heilen und zu erziehen mit sich bringt.

Macht man die psychoanalytische Tätigkeit zum Gegenstand einer wissenschaftstheoretischen Prüfung und Definition, dann hat sich das Denken nach logischen Gesichtspunkten zu richten, bei denen Probleme mit der Macht zutage kommen. Theorie, Praxis, Ideologie und Ethik sind in jeder Intervention irgendwie beteiligt. Die Deutung, als Instrument der analytischen Arbeit, kann sich nur an den richten, für den sie bestimmt sein soll, an denjenigen, der in das psychoanalytische Verfahren einwilligt und auf jeden Fall das Recht auf Replik, auf Antwort hat. Innerhalb relativ engen Grenzen lässt sich sagen, dass der Analytiker dann deutet, wenn er etwas sagt, was der Klient über sich nicht weiß oder ertragen kann. Der Dialog ist hier die unabdingbare Voraussetzung. Aussagen über die Psychologie Dritter im nicht abgemachten Rahmen sind nicht nur ein Mangel an Ethik, sondern ein Fehler in technischer und methodologischer Hinsicht. Psychoanalytikerinnen können nicht erfassen, was andere denken, das ist ihrer Erkenntnismöglichkeit entzogen und bleibt für die Nachprüfung innerhalb des Settings unerreichbar.

Beispiel: Ich rede mit Eltern nicht über das abwesende Kind, sondern über die Art und Weise, wie sie es mir vermitteln, mit den entsprechenden Konflikten.

Eine Deutung ist jedes Mal eine Hypothese, zu der nur ein Gegenüber die Daten liefern kann, die es erlauben, die Hypothese zu untermauern, zu ergänzen oder abzulehnen. Sicher haben wir öfter Vermutungen, Meinungen über das, was sich beim anderen tut. Hier sind jeweils die eigenen Gefühle, Gegenübertragungen prägend im Spiel. Freud nannte diese „wilde Deutungen".

Beispiel: In einer psychoanalytischen Behandlung ist nicht die Strenge des Lehrers das Problem, sondern die Ohnmacht oder die Wut oder die Angst etc. des Kindes, dieser zu begegnen.

Aus diesen Tatsachen ergeben sich spezifische Probleme für das Setting und die Technik der Kinderpsychoanalyse.

Der Umgang mit der Abstinenz des Analytikers:

Das Festhalten an der Abstinenzregel kann sich in bestimmten Fällen sogar kontraproduktiv auswirken: Viele Kinder versuchen unausgesprochen, die Erwartungen des Psychoanalytikers zu erfüllen. Hinter diesen Anpassungstendenzen verbergen sich natürlich alle möglichen Konflikte. Nur wenn der Analytiker es wagt, aus seinen Gegenübertragungsgefühlen heraus aktiv kreativ zu reagieren, zeigt er dem Kind einen Weg, eigene Kreativität entwickeln zu dürfen.

Der Umgang mit der Umwelt des Kindes:

In der klassischen psychoanalytischen Einstellung wird der Bezug zur Umwelt als Erschwernis, ja als Störung für den analytischen Prozess beschrieben. Die Technik besteht dann sehr oft darin, die Arbeit mit den Eltern aufzuteilen. Damit der Analytiker mit dem Kind ungestört arbeiten kann, sieht ein Kollege oder eine Kollegin die Eltern.

Beispiel: Der 9-jährige Steve wird zur Behandlung gebracht, weil er so aggressiv ist. Sein Analytiker vermittelt einen Kollegen derselben Institution für die Arbeit mit den Eltern. Da beide Analytiker gute Freunde sind, sehen sie sich fast jeden Tag. Da sie beschlossen haben, so wenig wie möglich über diese Behandlung miteinander zu sprechen, wird diese in ihren Gesprächen gar nicht erwähnt.

Steve zeigt im Laufe der Analyse, dass er vor allem eine neugierige Wut hat. Alles, was er zur Hand nimmt, muss aufgemacht, aufgebrochen werden. Er interessiert sich für das, was drin ist. Eines Tages beschließt er, nicht mehr in die Analyse zu kommen. Er streikt. Als seine Eltern ihn trotzdem bringen, spricht er nicht mehr und weigert sich auch, etwas zu machen.

In der Supervision wird beschlossen, dass jener Analytiker, der mit den Eltern arbeitet, viel mehr auf diese eingehen muss, da seine Gespräche bisher eher einen unterstützenden, pädagogischen Charakter hatten.

In der zweiten Sitzung, als sich der Analytiker nach dem Wohlergehen der Mutter erkundigt, berichtet sie von einer Zeit mit viel Übelkeit, die sie einer Erkältung zuschreibt. Der Analytiker rät zu einem Schwangerschaftstest. Die Frau war schon im vierten Monat in Erwartung und wusste es nicht.

Auch dort, wo die Arbeit aufgeteilt werden kann, indem beispielsweise ein Kollege mit den Eltern und ein anderer mit dem Kind arbeitet, ist die Vermittlung von gegenseitigen Erfahrungen und Informationen unerlässlich. Die Regel, so wenig wie möglich in das äußere Leben des Patienten einzugreifen, hat dort seinen Sinn, wo es darum geht, so gut wie möglich eine individuelle Psychologie zu erfassen. In der Arbeit mit Kindern geht es allzu oft darum, schädliche, traumatisierende Einflüsse so schnell wie möglich zu erkennen und krankmachende Einwirkungen zu begrenzen. Ich möchte hier nur erwähnen, dass wir wissen, dass ein vorzeitiges Abbrechen einer therapeutischen Beziehung zu den traumatisierenden Ereignissen gehört, vor allem dann, wenn schon Hoffnung auf einen helfenden Prozess bestand, der unterbrochen wird.

Die Wirkung einer erwachsenen Person auf Kinder hat immer etwas mit Erziehen zu tun. Erwachsene erziehen ausgehend von der Erziehung, die sie selber erhielten in ihrer Kindheit.

Was ist eigentlich Erziehung? Die planmäßige Änderung von Menschen, besonders von Kindern durch diejenigen, die mehr Macht haben, zum Beispiel die ältere

Generation. Aber Veränderung wozu? Hier erhält man verschiedene Antworten. Manche erscheinen einleuchtend: Kinder sollen gesellschafts- und kulturfähige Menschen werden. Andere Antworten werden undurchsichtiger: Kinder sollen zu Altruismus, zur Erfüllung von allerhand Idealen gebracht werden. Die Menschheit soll verbessert werden usw. Ich glaube, dass in jeder Gesellschaft Kinder dazu erzogen werden, im Interesse gewisser Rücksichtnahmen Spannungen zu ertragen, Frustrationen zu erdulden und nicht sofort Triebimpulse zu befriedigen. Die Praxis der Erziehung, wo immer man die Grenzen ziehen möchte, rechtfertigt sich durch das vorgebliche Ideal der Gesellschaftsfähigkeit, der darin bestehenden Notwendigkeit.

In unserer Gesellschaft findet Erziehung im komplexen Zusammenwirken zwischen Gesellschaft und Familie statt. In den Familien sind im Allgemeinen die Eltern die Vermittler von Erwartungen und Normen, denen sie selber in der Außenwelt ausgesetzt sind. Gerade hier ist die Stelle, wo der Kinderpsychoanalytiker nicht nur eine ihm eigene Reihe von Problemen zu bewältigen hat, sondern zu diesem Sachgebiet auch eines technischen Instrumentariums bedarf, das zusätzlich zu jenem des Erwachsenen-Psychoanalytikers hinzukommt. Die spezifische Kinderpsychoanalytische Tätigkeit findet in diesem komplexen Arbeitsfeld statt, wo Gesellschaft, Familie und Kind in ihren gegenseitigen Beeinflussungen aufeinander treffen. Anders als bei den Erwachsenen hat er es nicht nur mit seinem Klienten, sondern mit dessen Familie und sehr oft mit Institutionen wie Schulen usw. zu tun. All dies erleichtert seine Aufgabe und Verantwortung keineswegs, sondern stellt ihn vor eine ganze Reihe komplexer Fragen: Er/Sie muss nicht nur mit den Kindern arbeiten, sondern muss eine Rolle als Erwachsener erfüllen können, wird manchmal auch an der Bildung des kindlichen Über-Ichs beteiligt sein, wird als Vertreter vom Bewusstsein auftreten und wird einen eigenen Umgang mit den Eltern und deren Außenwelt pflegen müssen.

Wahrscheinlich ist die Orientierung in unserer Zeit und Gesellschaft eine der schwierigsten Aufgaben. Als in den 68er-Jahren die Institutions- und Gesellschaftskritik zu den zentralen Anliegen der linken Psychoanalyse gehörten, stand die unmittelbare Auseinandersetzung mit den gesellschaftlichen Realitäten für viele Psychoanalytiker weit mehr im Vordergrund als heute.

Im nun Folgenden möchte ich kurz die Widersprüche skizzieren, die uns alle betreffen. Mehr denn je gehe ich heute in meinen Überlegungen von den ökonomischen Verhältnissen aus. Kapitalistisches Denken scheint zu überzeugen. Es gibt vor, dem Fortschrittsbedürfnis der Menschen und der Demokratie zu entsprechen:

- Die Wachstumswirtschaft hat die Welt erschlossen und damit den Übergang von national und lokal organisierten Gesellschaften zur Weltgesellschaft eingeläutet: Die ökonomische Integration von immer entfernteren Märkten löst wachstumshemmende Sozialstrukturen wie Nationen oder Lokalgemeinschaften auf.

- Wachstumswirtschaft hätte die Möglichkeit geschaffen, Hunger und materielle Not definitiv zu überwinden. Gleichzeitig ist aber die ungleiche Entwicklung im Weltmarkt immanent. Sozioökonomische und kulturelle Disparitäten und Ungleichzeitigkeiten – die historisch gewachsenen und die laufend neu produzierten – zwingen den Süden in den benachteiligten Part. Das enorme Reichtumsgefälle bewirkt Völkerwanderung.

- Wachstumswirtschaft hat den unbegrenzten Einsatz von Wissenschaft und Technik ermöglicht und verlangt die Ausbeutung der Natur. Dies wurde zur Lebens- und Denkweise. Wir sind an den Grenzen des Wachstums angelangt: Verknappung von Energien und Rohstoffen, Bedrohung des Lebensraums durch Verschleiß, Überkonsum, Bevölkerungswachstum.

- Wachstumswirtschaft hat das Individuum befreit und entfesselt: Individueller Entfaltungswahn geht zusammen mit Konsumsucht im Norden, entsprechend einer Wirtschaft, die Wachstum und Verkauf zum Agens hat. Die Konsumparadiese des Nordens verlocken die Menschen, den Süden zu verlassen.

▸ Wachstumswirtschaft hat das Wachstumsparadigma selbst in die Krise gebracht: Tempo, Tiefe, Breite des ökonomisch induzierten Wandels sind so groß, dass die integrativen, edukativen, normativen und sinngebenden Kräfte der Kultur nicht mehr mithalten können.

▸ Der soziale Zusammenhalt wird auch durch die wachsende, kulturell immer heterogenere Immigration aufgelöst: Wo geteilte Grundwerte und akzeptierte Normen fehlen, werden soziokulturelle Fragmentierung, kulturelle Desorientierung, Zerfall von sozialer Kontrolle die Regel. Wer durch die fremde Einwanderung an lokaler Lebensqualität oder den Zugang zu Ressourcen verliert, sucht Konkurrenten über Fremdenfeindlichkeit und Nationalismus auszugrenzen. Hingegen: Wer international durch die Öffnung der Grenzen an Ansehen, Beschäftigungschancen, Einkommen, Macht gewinnt, führt interessenbedingt global-integrative Orientierung und Argumente ins Feld.

Herkömmliche Denkmodelle begreifen die neue Vielschichtigkeit und Widersprüchlichkeit nicht. Die damit verbundenen Ambivalenzen im Fühlen und die Dissonanzen im Denken werden durch Komplexitätsreduktion beantwortet: Mit Vorurteilen, Verteufelungen und Idealisierungen kommen Denkmuster auf, die primär auf affektive Integration und soziale Zugehörigkeit aus sind, diese indes niemals bewirken können.

Fachleute werden immer mehr nach Lösungen, Mitteln und Auswegen gefragt, mit der Aufforderung, schnell, präzise und ohne Zeitaufwand zu handeln. Es bieten sich Psychotherapien an, die diesen Forderungen zu entsprechen vorgeben. Allzu oft gerät dann auch die psychoanalytische Tätigkeit in ein Klima, das ihr gar nicht entspricht.

Sie muss sich nicht nur behaupten gegenüber einer Unzahl von Therapiemethoden, sondern auch gegen Berufsgruppen, die ihre eigene Legitimation durch den Beweis zu bestätigen suchen, dass sie die besseren Lösungen anzubieten haben. Diese sich verschärfenden Arbeitsbedingungen treffen auch jene engagierten Richtungen, wie etwa die kritische Psychoanalyse oder die kritische Sozialarbeit, die sich konfrontativ mit den gesellschaftlichen Realitäten auseinanderzusetzen versuchen.

Eine Besonderheit der Kinderanalytischen Tätigkeit möchte ich hier noch anfügen. Sehr oft ist zur Herstellung des geeigneten Rahmens die Zusammenarbeit mit verschiedenen anderen Fachgruppen unerlässlich.

Öfter wird vermutet, dass es in der Arbeit darum ginge, Verborgenes und Verstecktes, also Unbewusstes, ins Bewusstsein zu bringen. Symboldeutungen, geeignete Spielsachen, Tests usw. scheinen zu vermitteln, dass einmal Erkanntes keine Konflikte mehr verursachen sollte. Psychoanalytiker sind keine Wahrheitssucher. Sie entlarven nicht. Vielmehr versuchen sie, das komplexe Zusammenwirken von Kräften zu erfassen, die Bewusstes und Unbewusstes determinieren. Es ist sehr schwierig und doch immer wieder nötig zu vermitteln, dass es darum geht, einen Entwicklungsprozess einzuleiten und zu ermöglichen, der zu langsamen Veränderungen im affektiven Konfliktverhalten führen kann.

In der Kinderpsychoanalytischen Literatur gibt es eine Reihe „Wunderheilungen", die sensationell wirken. Diese wurden jedoch nie mit der Frage nach der Indikation studiert. Sie wirken deshalb für den Studierenden abschreckend und bewirken Unsicherheitsgefühle, da in der alltäglichen Praxis die Wirklichkeit meistens anders ist.

Von Seiten der Psychoanalytiker bestehen große Erwartungen an jene, die mit Kindern arbeiten. Durch den direkten Kontakt mit der Kindheit sollen diese in der Lage sein, vorhandene Theorien zu überprüfen und zu erweitern. Tatsächlich: Dort, wo es gelingt, mit dem Klienten eine erforschende Partnerschaft einzugehen, kann es zu einer wunderbaren Erweiterung des Wissens über das Seelische im Menschen beitragen. Wir Erwachsene machen Theorien über Kinder, diese wiederum denken sich die Welt der Erwachsenen aus, z.B. über die Sexualität, und machen sich dazu ihre eigenen Theorien.

Die gesellschaftlichen Entwicklungen und die Erwartungen nach Mitteln zu Problemlösungen stellen alle Wissensgebiete an den Rand ihrer Möglichkeiten.

Anhand ihrer sehr differenzierten Theorie ist die Psychoanalyse immer wieder dabei, gesellschaftliche Veränderungen zu studieren und zu erfassen. Sie kann es nur immer wieder im Nachhinein leisten. Sie kann nicht voraussehen und kaum beeinflussen. Je wuchtiger und schneller der Wandel ist, desto evidenter und vielleicht auch kränkender wird der Theoriemangel.

Bei den gegenwärtigen Fragen nach der zunehmenden sozialen Gewalt, den Problemen der Migration usw., hat die Psychoanalyse selber sehr wenig auszusagen. Sie kann aber einen wesentlichen Beitrag leisten bei deren Folgeerscheinungen, beim Versuch, die psychische Verarbeitung so gut es geht zu ermöglichen. Seelische Einwirkungen traumatischer Erlebnisse werden oft mit den ersten Lebenszeiten in Verbindung gebracht, wo die Ohnmacht und das Angewiesensein auf andere biologisch bedingt ist.

Dort, wo Psychoanalytiker in gesellschaftlichen Bereichen Umstände verändern wollen, weil sie die Konsequenzen kennen, werden sie „politisch". Verstehen Sie mich bitte recht; ich sage nicht, dass Psychoanalyse politisch sei, sondern dass die Aktivität der Fachleute ausserhalb der Praxis, politisch wird, wenn sie versuchen, Veränderungen in Institutionen und gesellschaftlichen Einrichtungen zu bewirken.

Interdisziplinarität bietet sich an, um gemeinsam mit anderen Wissenschaften einen Weg aus den Sackgassen zu finden. Die Erforschung der Kindheit mit der Methode der Psychoanalyse erreicht ihre Grenzen dort, wo die sprachliche Kommunikation nicht mehr möglich ist. Die erstellten Hypothesen werden dann nicht mehr im Dialog überprüfbar[23]. Die psychoanalytischen Theorien der ersten Lebenszeit setzen hauptsächlich bei der Bedürfnisbefriedigung des Säuglings an. Mund und Oralität bekommen die Bedeutung eines ersten „Organisierens" von Erfahrung. Damit befindet sich die Psychoanalyse im Bereich von Triebrepräsentanzen,

---

[23] vgl.: Werner Bohleber, Psyche Heft 9, 2016.

Phantasien und frühen Objektbeziehungen, deren Entwicklung und Bedeutung sie für die seelische Strukturbildung beschreibt. Andere Methoden, wie z.B. jene der Säuglingsforscher, verwenden hochentwickelte Untersuchungsmethoden und gelangen zu Ergebnissen, die es sorgfältig mit psychoanalytischem Wissen in Beziehung zu bringen gilt. Die Säuglingsforscher beobachten das Verhalten und beschreiben vor allem die sensomotorisch-affektiven Handlungsmuster und die Entstehung der seelischen Struktur aus frühen Interaktionsstrukturen der Mutter-Kind-Dyade.

Seit einigen Jahren hat sich diese Forschung auch auf die Bedeutung und Funktion der Väter erweitert. Deren Wirkung wurde lange Zeit vernachlässigt. Von der Zeugung an sind alle drei (Mutter, Vater, Kind) miteinander verbunden.

Was Bohleber dort mit „Mutter" meint, möchte ich lieber als „erstes Objekt" bezeichnen, um möglichst den Missbrauch dieser Gedanken, im reaktionären Sinn, gegen die Frauenbewegungen zu vermeiden. Wenn den Müttern alle Verantwortung zugesprochen wird, kann ihre Rolle übertrieben werden. Sie sind dann nicht nur verantwortlich, sondern auch schuldig. Dasselbe gilt auch für die Väter.

Diese Diskussion, die seit Jahren in der Psychoanalyse geführt wird, hat an unserem Seminar einmal zu Streitigkeiten und Missverständnissen geführt. Mir geht es nach wie vor darum, methodische Klarheit zu bewahren.

Die Auffassungen der Psychoanalyse betreffend der Erwartungen an die Eltern und entsprechend an die Familie haben sich im Laufe der Zeit gewandelt. Die ersten Arbeiten Freuds befassen sich ja mit der Triebentwicklung des Kindes. Die genetische Theorie beschreibt den intrapsychischen Entwicklungsprozess als unabhängig von dem der Eltern.

Später beschrieb Freud in seiner Arbeit über den Narzissmus die Elternliebe als Projektion narzisstischer Bedürfnisse der Eltern auf das Kind. Hier wurde die Wirkung der Eltern auf das Kind nicht mehr als eine direkt traumatisierende beschrieben. Die Forschung befasste sich von da an besonders mit der Entstehung und Gestaltung des Über-Ichs. Die Wichtigkeit der Eltern wurde in den Bedingungen zur Identifikation und Introjektion für das Kind gesehen. Die weitere Entwicklung dieser Auffassungen führte 1923 zur Formulierung des Strukturmodells in der Arbeit „Das Ich und das Es".

Das „Ich" rückte ins Zentrum der psychoanalytischen Forschung. Es wurde beschrieben in seiner Vermittlerrolle zwischen inneren Instanzen und den Forderungen der Außenwelt. Man sah die Chance der Neurosenprophylaxe in der Intaktheit des kindlichen Ichs und machte den Eltern die Stärkung der Ich-Funktionen zur erzieherischen Aufgabe.

In den Jahren um den Zweiten Weltkrieg formulierte Heinz Hartmann das Konzept der Adaption und erweiterte damit das theoretische Gebilde der Psychoanalyse. In diesem wurden Wachstum und Entwicklung des Kindes als ein Prozess gesehen, in dem psychische Fähigkeiten erlangt werden mussten, um den Umweltanforderungen gerecht zu werden. Die verschiedenen „Aufgaben" der Entwicklung wurden beschrieben im Hinblick auf eine Umwelt, welche die idealen Bedingungen zur Entwicklung bot.

Theoretische Auffassungen über Sublimierung und die Einführung des Realitätsprinzips hatten zur Folge, dass neue Aufgaben für den Erziehenden formuliert wurden. Das Kind sollte Anregungen und Hilfe erhalten zur Überwindung des Lustprinzips.

Karl Abrahams Schriften (1911–1916) geben deutlich die psychoanalytische Einstellung gegenüber der Familie wieder. Die prägenitalen Phasen werden gesehen im Hinblick auf das Erreichen einer reiferen Entwicklungsstufe, die des Ödipus-Komplexes.

Flügel beschrieb um 1921 verschiedene Strukturen und interpersonale Beziehungsformen in der Familie. Entsprechend der gängigen Auffassung setzte er den Ödipus-Komplex ins Zentrum seiner Überlegungen: Bei den Eltern im Sinne des ständig Wirksamen, aber Verdrängten, bei den Kindern als das Ziel einer gesunden

Entwicklung. Da der Ödipus-Komplex die psychische Repräsentanz der patriarchalischen Familie ist, erhält die Arbeit Flügels eine Überdeterminierung der väterlichen Rolle. Vaterschaft wird in Verbindung mit Gesetz und Moral als unveränderliche Gegebenheit gesehen. Trotz dieses Einwands sind in dieser ersten Arbeit über die Familie bedeutungsvolle Ansichten enthalten, die von späteren Forschungen bestätigt und erweitert worden sind, z.B. dass die Entwicklung des Kindes Hand in Hand mit Anpassungen und Veränderungen seitens der Eltern erfolgt, dass diese wichtig sind sowohl für die Eltern wie für das Kind. Er bemerkte auch, dass die heterosexuelle Entwicklung der Eltern diejenige der Kinder beeinflusst und insbesondere, dass wichtige Zusammenhänge zwischen der Entwicklung der Eltern und derjenigen des Kindes bestehen.

Noch später publizierte Ferenczi in Budapest eine Arbeit mit dem Titel „Die Anpassung der Familie an das Kind".

Allmählich begann sich die Psychoanalyse eher mit den prägenitalen Phasen zu beschäftigen. Dies geht einher mit einem sozialen Wandel, indem sich in den fortgeschrittenen Ländern eine Veränderung abzeichnet in der Aufteilung der erzieherischen Aufgaben. Männer machen mehr bei der Pflege und Fürsorge der Kleinkinder mit. Die fest etablierten Rollenaufteilungen zwischen Mann und Frau scheinen in Bewegung geraten zu sein.

Wenn Psychoanalytiker das klassische Zwei-Personen-Setting verlassen, begegnen sie einer Reihe anderer Gedanken und Vorstellungen, die sich mit der Familie befassen.

Schon Engels hat aufgezeigt, dass es einen sozioökonomischen Bezug gibt zwischen Geschichte und Familie, wonach die Familie eine Art „Programm" in sich trägt, die einer bestimmten Produktionsweise entspricht. Sigmund Freud sprach über die Vorstellungen der Familie und über den „Familien-Roman".

Reich hat uns gezeigt, dass die Familie als eine Fabrik von Ideologien zu beschreiben wäre. Fanon unterstrich die Folgen des sozialen Wandels auf die Familie. So erscheint die „Familie" als Forschungsobjekt und Treffpunkt von Ökonomie, Soziologie, Ethnologie, Geschichte und auch der Psychoanalyse. Kinderpsychoanalytiker haben mit allen diesen Wissenszweigen zu tun. Familien sind Gruppen und können auch als solche studiert werden. Sie haben Eigenschaften, die sie von den anderen Gruppen unterscheiden, aber mit diesen doch auch sehr viel Gemeinsames haben. Anders als in Gruppen werden in der Familie die Rollen nicht gewechselt: Mutter bleibt Mutter usw. Die Auflösung dieser Bezüge ist nur durch den Tod gegeben. Im Unterschied zu den Gruppen gibt es keine bewussten Ziele, die die Mitglieder verwirklichen wollen. Eine Familie kann über Jahrhunderte bestehen und ihr System weiter reproduzieren. Ihr inneres System ist an die jeweilige Gesellschaft angepasst, in der sie vorkommt. Wenn in unseren Tagen die Institution Familie um Hilfe nachsucht, dann deshalb, weil die Gesellschaft um sie aus dem Gleichgewicht geraten kann. Väter und Mütter (alte Kinder) erzählen uns ihre Geschichte, in der sie oft fürchten, der sozialen Last und dem Alltag nicht mehr gewachsen zu sein.

Die Psychoanalyse ist nicht in Krise. Auch die Kinderpsychoanalyse nicht. Die Situation in unserer Gesellschaft und unserer Umwelt ist von unglaublicher Komplexität geprägt. Wir können vieles noch nicht beantworten, und schon sind die neuen Fragen da: Was werden das für Menschen aus der Retorte? Hat künstliche Insemination Auswirkungen auf die seelische Entwicklung? Was bewirkt die Sucht der Eltern bei den Kindern? Was sind die Konsequenzen von Migrationen, von Folter, von zunehmender Gewalt?

Für die Zukunft sind wir verantwortlich, auch dann, wenn die Aussichten dazu vorerst nicht einfach sind. Ich begrüße die Gründung der „Arbeitsgruppe" und danke den Kolleginnen und Kollegen, dass sie den Mut und das Engagement aufgebracht haben, so eine Organisation zum Arbeiten zu bringen. Ich hoffe, dass mit diesem Symposium ein erfolgreiches, wirkungsvolles Forum eröffnet wird.

LITERATUREMPFEHLUNGEN

Grosz, Pedro (1986): Der kleine Rafael, 5/6, 11–26.

Ders. (1988): Ein Fall von psychogener Erblindung. Analyse eines Mädchens, das Zeuge von Folter war, 9, 21–27.

Ders. (1992): Gedanken zur Gegenwart und Zukunft der Kinderpsychoanalyse, 16, 13–24.

Ders. (1993): Lorenz oder „Ich-Ideal und Über-Ich", 17, 19–29.

Ders. (1997): Effizienz, Kosten, Psychoanalyse… Erwägungen zur gegenwärtigen berufspolitischen Situation und zur Psychoanalyse mit „Teddy", 25, 67–99.

Ders. (2003): Asthma: Der nicht hörbare Schrei, 32, 41–52.

Ders. (2010): Alles ist möglich, 45, 13–28.

Zum Kapitel „Teddy – Effizienz, Kosten, Psychoanalyse":

Bolko, Marianne u. Alberto Merini: Psychische Ansteckung, projektive Identifikation, Telepathie, Vortrag am Psychoanalytischen Seminar Zürich 1992.

Cremerius, J., Hoffmann, S., Trimborin W. (1979): Psychoanalyse, Über-Ich und soziale Schicht, München.

Freud, Sigmund (1900): Die Traumdeutung, GW II/III.

Ders. (1914): Zur Einführung des Narzissmus, GW X.

Ders. (1916–1917): Trauer und Melancholie, GW X.

Ders. (1924): Der Untergang des Ödipuskomplexes, GW XIII.

Galli, Piero Francesco (1996), La persona e la tecnica, Il ruolo Terapeutico Editore, Milano.

Horkheimer, Max (1968), Kritische Theorie Bd. I und II, Hg.
Jacobson, Edith (1964), Das Selbst und die Welt der Objekte, dtsch. Suhrkamp TB Frankf./M. 1973, S. 44 ff. und 60 ff.

Martin, Hans Peter (1996), Die Globalisierungsfalle, Hamburg.

Mertens, Wolfgang (1990): Einführung in die psychoanalytische Therapie, Kohlhammer, Stuttgart/Berlin/Köln.

Ders. (1992): Kompendium psychoanalytischer Grundbegriffe, Quintessenz, München.

Parin, Paul (1976): Das Mikroskop der Psychoanalyse und die Makrosozietät, Psyche, 30/1, S. 1–25.

Widerspruch, Themenheft „Globalisierung, Arbeit und Ökologie", Heft 31, Zürich 1996.

Zum Kapitel „Luis hat sich verliebt – Alles ist möglich":

Sandler, Joseph (1974): Gegenübertragung und Bereitschaft zur Rollenübernahme. Psyche 30, Jg. 1976, S. 297–305.

Parin, Paul (1977): Das Ich und die Anpassungs-Mechanismen, Psyche 31, Jg. 1977, S. 481–515.

Zum Kapitel „Gedanken zur Gegenwart und Zukunft der Psychoanalyse":

Abraham, K.: Psychoanalytische Studien. Gesammelte Werke in zwei Bänden. Hrsg. und eingeleitet von Johannes Cremerius. 2 Bände. Nachdruck (der Ausgabe von 1971). Psychosozial-Verlag, Gießen 1999.

Bleger, J.: Psicologia de la conducta. Centro Editor de America Latina 1970.

Freud, A.: Wege und Irrwege in der Kindesentwicklung, Hubert/Klett 1982.

Freud, S.: Gesammelte Werke.: Textauswahl unter http://freud-online.de

Flügel J.C.: The Psychoanalytic Study of the Family-Hesperides Press.

Meerwein, F.: Die Grundlagen des ärztlichen Gesprächs, Hans Huber 1969.

Mertens, W.: Einführung in die Psychoanalytische Therapie, Kohlhammer 1990.

Morgenthaler, F.: Technik. Zur Dialektik der psychoanalytischen Praxis, Syndikat 1978.

Pichon-Rivière, E. J.: Seminarios dei Instituto de Psicoanàlisis., Buenos Aires 1959/60/61.

Reich, Wilhelm: Charakteranalyse (1933). Erweiterte Fassung: Kiepenheuer & Witsch, Köln 1970.

Tobler Müller, V.: Rigi Seminar des SAD (Schweizerische Arbeitsgemeinschaft für Demokratie), 1/2 Nov. 1991.

ÜBER DEN AUTOR

Pedro Grosz, geboren 1943 in Buenos Aires, Argentinien, arbeitet in Zürich in eigener Praxis als Psychoanalytiker und Psychotherapeut für Erwachsene, Kinder, Jugendliche und Familien und als Supervisor. Er gibt Kurse am Psychoanalytischen Seminar Zürich und in Bologna. Während über 30 Jahren war Grosz in verschiedenen psychiatrisch-psychotherapeutischen und pädagogischen Institutionen als Supervisor tätig.

Verschiedene Publikationen in „Topia", der argentinischen Zeitschrift für Psychoanalyse, Gesellschaft und Kultur.